Hans Jellouschek

Was die Liebe braucht

Das Buch

Damit die Liebe hält: Hans Jellouscheks Antworten auf die wichtigsten Beziehungsfragen orientieren sich daran, was das Zusammenleben gelingen lässt. Hans Jellouschek hat hier die Erfahrungen aus seiner über 35-jährigen Praxis als Paartherapeut für Paare praktisch umgesetzt, die wissen wollen, worauf es ankommt, um die Liebe lebendig zu halten.

Der Autor

Hans Jellouschek, Dr. theol, Lic.phil., ist Eheberater, Psychotherapeut und Lehrtherapeut für Transaktionsanalyse. Er ist in eigener Praxis in der Nähe von Stuttgart tätig.

Hans Jellouschek

Was die Liebe braucht

Antworten auf die wichtigsten Beziehungsfragen

HERDER

FREIBURG · BASEL · WIEN

HERDER spektrum Band 6460

MIX
Papier aus verantwor-
tungsvollen Quellen
FSC® C106847

Umschlagkonzeption: Agentur R·M·E Eschlbeck
Umschlaggestaltung: Verlag Herder
Umschlagmotiv: plainpicture/Büro Monaco
Autorenfoto: © privat

Satz: de·te·pe, Aalen
Herstellung: fgb · freiburger graphische betriebe
www.fgb.de

Printed in Germany

ISBN 978-3-451-06460-9

Inhalt

Vorwort

Seit 35 Jahren arbeite ich therapeutisch mit Paaren und habe dabei immer wieder versucht, mit den Partnern ganz praktisch gangbare Wege für ihr gemeinsames Leben zu finden. Auch in meinen Büchern habe ich mich meist mit bestimmten Problemkonstellationen befasst, und zwar mit der Frage, wie es möglich ist, hier zu Lösungen zu kommen. Dabei haben sich im Laufe der Zeit bei mir bestimmte Leitideen hinsichtlich Liebes- und Paarbeziehungen herauskristallisiert, die mehr ins Grundsätzliche gehen und die ich vor allem auch bei Paaren verwirklicht sehe, denen in ihrem Zusammenleben die Liebe gelingt und die es, bei allem Schweren und Schicksalhaften, das es natürlich auch in ihrem Leben gibt, gut miteinander haben. Ich möchte in diesem Buch diese Leitideen gelingender Paarbeziehung herausarbeiten. Ich gehe dabei von Fragen aus, die heute viele Menschen hinsichtlich Liebe und Beziehung stellen, weil in diesen oft gehörten Fragen gerade diese Grundthemen angesprochen sind. Diesen Fragen suche ich in meinen Antworten jeweils gerecht zu werden.

Natürlich verkünde ich meine Aussagen nicht »ex cathedra«, mit dem Anspruch auf Unfehlbarkeit. Ich bin zwar von ihrer Allgemeingültigkeit, jedenfalls in unserer Zeit und in unserem Kulturkreis, überzeugt, aber mir ist klar, dass sie nicht allgemeine Zustimmung finden werden, auch nicht bei allen schreibenden und therapierenden Kolleginnen und Kollegen. Ich möchte, dass sie zum Nachdenken, zur Auseinandersetzung und zum gemeinsamen Austausch beitragen, vor allem auch zwischen Partnern, die in Beziehungsfragen eine gemeinsame Haltung finden wollen. Wenn dadurch Anstöße gegeben werden, eigene Grundüberzeugungen hinsichtlich Liebe und Partnerschaft zu entwickeln, dann ist damit etwas Wichtiges erreicht.

Was ich im Folgenden ausführe, ist bei mir natürlich nicht nur »im stillen Kämmerlein« entstanden. Neben vielfältigen Anregungen durch die Paare selbst, mit denen ich gearbeitet habe, war auch der Austausch mit Kolleginnen und Kollegen sehr wichtig. Allen voran ist hier meine verstorbene Frau Margarete Kohaus zu nennen. Die jahrelange Zusammenarbeit mit ihr war und ist für mich und meine therapeutische Arbeit grundlegend. In den letzten Jahren wurde der Austausch vor allem mit Friederike von Tiedemann und Marianne Walzer wichtig; viele Fortbildungskurse in Paarberatung und Paartherapie habe ich mit ihnen gemeinsam gestaltet. Speziell zu diesem Buch hat auch Klaus Antons wichtige Anregungen geliefert sowie meine Frau Bettina, die jedes Kapitel gegengelesen hat und der ich viele Anregungen sowohl inhaltlicher als auch formaler Art verdanke. Ihnen allen sei hier ein herzliches »Dankeschön!« gesagt.

Ammerbuch, im Frühjahr 2009   *Hans Jellouschek*

Wir lieben uns. Woran merken wir, dass wir auch miteinander leben können?

Beobachtungen und Überlegungen

Die Antwort auf diese Frage, die heute die meisten Paare geben, ist ganz einfach: Wir ziehen zusammen und probieren es aus. Das kann zweifellos ein guter Weg sein. Mir scheint allerdings ein Problem dabei zu sein, das oft zu wenig beachtet wird: Dieses Zusammenziehen geschieht meist nicht mit der ausdrücklichen Frage: Passen wir auch im Alltag zusammen? Können wir eine Lebenspartnerschaft eingehen? Es geschieht eher zufällig: Weil der Freund an den Studienort der Freundin zieht und dieser gerade eine günstige Zweizimmerwohnung angeboten wurde; weil wohnen zu zweit billiger ist, als zwei Haushalte zu führen, und aus ähnlichen Gründen.

Sicher muss die Frage, ob wir für ein gemeinsames Leben zusammenpassen, beim Zusammenziehen nicht sofort ausdrücklich gestellt werden. Aber wenn diese neue Lebensphase des Paares nicht klar von beiden als eine vorübergehenden Phase definiert wird, in deren Verlauf es zu einer neuen Entscheidung über die Beziehung kommen soll, wird daraus leicht ein dauerhaft undefinierter Zustand, und die Fragen, um die es ja hier geht – die Frage nach einer verbindlichen Lebenspartnerschaft, nach gemeinsamen Lebensperspektiven, nach Kindern usw. –, bleiben unbeantwortet. Es kommt also nicht auf das Zusammenziehen als solches an, sondern auf die Fragen, mit denen man dies tut.

Aber beantworten sich diese Fragen nicht überhaupt von selbst? Genügt es denn nicht, zu spüren, dass man einander liebt? Enthält nicht die Frage, »ob wir auch miteinander leben können«, bereits Zweifel an der Liebe und damit ein verderbliches Misstrauen gegenüber den eigenen Gefühlen und denen des geliebten Anderen? Wenn wir einander wirklich lieben, wird sich alles von selbst ergeben!

Dies ist ein großer Irrtum! Denn zwischen »einander lieben« und »miteinander leben und den Alltag gestalten« besteht ein großer Unterschied. Eine große Leidenschaft füreinander besagt noch lange nicht, dass man ein Paar werden, ein gemeinsames Leben führen und sich über zentrale Lebensfragen verständigen kann. Die leidenschaftliche Liebe beruht auf einem rational letztlich unerklärbaren Gefühl füreinander. Das Zusammenleben aber stellt eine Reihe anderer Fragen, die mit der Liebe allein, die wir im Moment füreinander fühlen, noch nicht beantwortet sind, mit denen man sich auseinandersetzen muss, ehe man eine Entscheidung trifft.

Ganz besonders dann, wenn man den Partner, wie das heute ja immer öfter geschieht, über Anzeigen oder im Chat-Room des Internets gesucht und kennengelernt hat, sich also von Angesicht zu Angesicht dann »plötzlich« gegenübersteht, ohne von Biografie, Herkunft und näheren Lebensumständen des Anderen zu wissen, ist es sehr wichtig, nicht nur auf das momentane, vielleicht durchaus echte, vielleicht durchaus sehr tiefe Gefühl zu achten, das sich einstellt, sondern sich auch zu einigen, vielleicht sehr nüchternen, Themen Fragen zu stellen, damit nicht die große Liebe sehr bald zur großen Enttäuschung wird.

Auf den Punkt gebracht

Eine so weittragende Entscheidung wie die Entscheidung für ein gemeinsames Leben braucht also nicht nur das Gefühl intensiver gegenseitiger Liebe, sondern zusätzlich die Auseinandersetzung mit verschiedenen weiteren Themen, damit man sie verantwortlich treffen kann. Die wichtigsten dieser Themen – meist als Fragen formuliert – sind die folgenden.

1. Die erste Frage betrifft die spezielle Qualität der Liebe, die ein Paar verbindet: Habe ich/haben wir außer der erotischen Anziehung auch noch das Gefühl einer tiefen Zusammengehörigkeit? Ist bei aller individuellen Unterschiedlichkeit auch ein Gefühl von tiefer Vertrautheit zwischen uns vorhanden? Was hier gemeint ist, drücken Paare manchmal so aus: »Obwohl wir erst kurz zusammen waren, hatten wir das Gefühl, wir würden uns schon tausend Jahre kennen.« Erotische Leidenschaft kann auch manchmal vorhanden und sexuelle Anziehung sogar übermächtig sein, und doch fehlen diese Gefühle von Nähe und Vertrautheit. Dann ist äußerste Vorsicht geboten!

2. Eine zweite Gruppe von Fragen betrifft die Übereinstimmung in zentralen Lebensthemen. Dazu gehört etwa auch die Frage: Wie stellen wir uns eine gemeinsame Zukunft vor? Gemeinsame Kinder – wie stehen wir dazu? Rollenaufteilung zwischen Mann und Frau bezüglich Beruf und Familie: Wie stellen wir uns die Vereinbarkeit von beidem

vor? Weltanschauliche Fragen, religiöse Überzeugungen und »Lebensphilosophie« – können wir uns darüber verständigen, oder bleibt uns der Andere darin fremd und unverständlich? Sind wir uns in den Antworten und Überlegungen einig oder können wir uns in gemeinsamen Auseinandersetzungen aufeinander zubewegen? Ich sage nicht, es müsste hier in allem Übereinstimmung bestehen. Aber wenn es sehr viele und sehr große Diskrepanzen gibt, und vor allem, wenn wir einander überhaupt nicht verstehen können, dann ist Vorsicht geboten, denn solche Diskrepanzen bedeuten eine schwer zu überwindende Fremdheit, führen zu Streit und Frustration, und wenn sie nicht durch andere sehr starke Gemeinsamkeiten immer wieder kompensiert werden, kann eine Lebenspartnerschaft kaum gelingen.

3. Die dritte Fragengruppe betrifft den Alltag: Wie geht es uns im ganz normalen täglichen Zusammenleben? Harmonieren wir in dieser Hinsicht, können wir gut kooperieren? Einander ergänzen? Uns aneinander angleichen? Kommen wir, ohne uns vollständig zu verbiegen, mit Lebensrhythmus und Lebensgewohnheiten des Anderen klar? Können wir uns in der Aufgabenverteilung einigen, oder gibt es festgefahrene Verhaltensweisen, die wir nicht akzeptieren können? Antworten auf diese Fragen werden natürlich beim »Zusammenleben ohne Trauschein« am deutlichsten. Paare, die noch getrennt leben, sollten viel gemeinsame Zeit verbringen, und zwar auch »Alltags-Zeit«, um in diesem Punkt Klarheit zu gewinnen. Gute Kooperation in der Bewältigung des ganz gewöhnlichen Alltags ist ein ganz wesentlicher Faktor in einer funktionierenden Lebenspartnerschaft.

4. Eng mit dem dritten hängt der vierte Fragenbereich zusammen, der sich mit dem intimeren, aber noch nicht sexu-

ellen körperlichen Zusammensein des Paares befasst: Wie geht es uns damit? Mag ich die körperliche Nähe des Anderen? Kann ich den Anderen »riechen« – auch im wörtlichen Sinn? Mag ich, wie der Andere spricht, wie er mich anfasst, was für Hände er hat, wie er lacht und ernst ist? Es geht hier nicht selten um Bereiche, die nicht so ohne weiteres zu verändern sind, weil sie mit der Persönlichkeit des Anderen unmittelbar zusammenhängen. Unangenehme Gefühle in diesen Bereichen, Ekelgefühle, spontane »Abstoßung« sollten sehr ernst genommen und nicht als Nebensächlichkeiten abgetan werden. Sollte es sich dabei allerdings um veränderbare Angewohnheiten handeln (zum Beispiel beim Thema Reinlichkeit), lautet die wichtige Frage: Kann ich dem Andern das sagen und nützt das etwas? Und kann ich selbst auch Kritik an solchen Angewohnheiten vom Anderen annehmen, ohne dass es mich zu sehr verletzt? Die Frage der wechselseitigen Anpassungsfähigkeit in diesen »Kleinigkeiten«, ohne das Gefühl zu haben, mich vollständig verbiegen zu müssen, scheint mir zentral für die Frage, ob eine Lebensgemeinschaft möglich ist.

5. Die nächsten Fragen betreffen die Lebenstüchtigkeit des Partners. Wie geht es ihm beruflich? Wie steht es mit seiner Gesundheit – mit der körperlichen und mit der seelischen Gesundheit? Hat er ernsthafte psychische oder körperliche Probleme chronischer Art? Hat er Schulden, und wenn ja: wie hoch sind sie? Hat er andere Folgeprobleme früher getroffener Entscheidungen, zum Beispiel einer vorausgegangenen Scheidung, wirtschaftlicher Fehlkalkulationen, medizinischer Behandlungen – und wie stark beeinflussen diese sein jetziges Leben? Natürlich machen solche Faktoren ein Zusammenleben nicht schlichtweg unmöglich. Ich muss mir allerdings bewusst sein: Von mir wird dann als Lebenspartner verlangt, dies mitzutragen. Bin ich stark genug dazu? Wird unsere Liebe tragfähig genug sein, dies zu

kompensieren? Hier kann ich leicht in die Falle des »Retters«, der »Retterin« tappen und mich überfordern. Ich darf hier nicht zu viel Verantwortung für den Anderen übernehmen, und solche Lasten oder Folgelasten können deshalb ein guter Grund sein, mich auf kein gemeinsames Leben einzulassen, auch wenn ich den Anderen noch so sehr liebe.

6. Die sechste Fragengruppe betrifft die jeweilige Verwandtschaft. Wie steht es mit der Familie des Anderen? Kann ich zum Vater und zur Mutter des Anderen und zu anderen wichtigen Angehörigen, an denen mein Partner hängt, eine positive oder mindestens neutrale Beziehung entwickeln? Kann ich die Kinder meines Partners – falls welche aus früheren Beziehungen vorhanden sind – akzeptieren? Es ist nicht zu unterschätzen, welche Bedeutung Sympathie oder auch Antipathie gegenüber den engen Angehörigen des Partners auf die Dauer für die wechselseitige Liebe haben. Natürlich ist es kein Ausschlusskriterium für eine Partnerschaft, wenn ich hier Probleme mit dem einen oder anderen habe. Aber je stärker die Abneigung gegenüber vor allem den wichtigsten Bezugspersonen – den Eltern, den Kindern – meines Freundes/meiner Freundin ist und wenn das noch zu anderem Trennendem hinzukommt, desto mehr Vorsicht ist geboten. Und umgekehrt: Wenn ich mich in der Familie des Anderen herzlich aufgenommen und wohl fühle, ist das eine gute Voraussetzung für das Gelingen einer gemeinsamen Lebenspartnerschaft.

7. Die letzte Fragengruppe betrifft die soziale Schicht, der die Partner entstammen, ihren Bildungsstand sowie die Unterschiede zwischen ihren Herkunftsfamilien, ihrer Nationalität und ihrer Religionszugehörigkeit. Sind die Unterschiede hier sehr groß und auf wie viele Bereiche erstrecken sie sich? Zweifellos bewirken große Unterschiede hier manchmal auch große Anziehung und Faszination: die

Faszination des Fremdartigen, Exotischen. Diese besagt aber noch nicht, dass wir auch miteinander leben können. Sind die Unterschiede hier zu zahlreich und zu krass, wird es immer schwieriger, einen gemeinsamen Alltag zu gestalten, und dies kann auch eine sehr große Liebe schnell untergraben und zerstören. Wenn die Unterschiede hier sehr groß sind, bedarf es der Abwägung: Was können wir durch andere Übereinstimmungen kompensieren, was kann durch Anpassungsbereitschaft und -möglichkeit der Partner überbrückt werden? Wieweit können wir uns in das dadurch bedingte Anders-Sein des Anderen einfühlen, sodass echter Austausch darüber und somit Annäherung aneinander möglich ist? Wenn das unmöglich oder wenigstens sehr unwahrscheinlich ist, wird die Frage sehr dringlich, ob wir uns mit einer Lebenspartnerschaft nicht schlichtweg überfordern würden und darum von dieser Idee ablassen sollten. Auch hier kann es – gerade wegen der empfundenen Liebe – leicht zu einer Selbstüberforderung und Selbstüberschätzung der eigenen Möglichkeiten kommen.

Hilfe! Was für eine lange Liste von Fragen! Kann man dann überhaupt noch dazu kommen, sich für eine Lebenspartnerschaft zu entscheiden? Kann ich denn in all diesen Fragen Klarheit bekommen? Wie lange werde ich dazu brauchen? Und wird nicht schon diese Fragerei unsere Liebe ruiniert haben, ehe ich mir Klarheit verschafft habe?

Ich kann sehr gut verstehen, wenn dem Leser jetzt solche Gedanken gekommen sind. Aber ich kann ihn beruhigen. Viele dieser Fragen betreffen ja nicht jedes Paar, sodass sich die Liste beim Durchgehen sogleich stark verkürzt. Außerdem werde ich durch den bisherigen Kontakt zum Anderen schon viele positive Antworten parat haben, sodass ich viele Fragen sehr schnell abhaken kann und nur noch bei der einen oder anderen länger verweilen muss. Und schließlich gilt ganz generell: Auch durch die Beantwortung all dieser Fragen kann ich keine vollständige Sicherheit bekommen, weder in der einen noch in der anderen Richtung. Es kann sein, dass die meisten Antworten für eine Lebenspartnerschaft sprechen, aber irgendetwas, das ich nicht benennen kann, warnt mich im Inneren: lieber doch nicht! Und umgekehrt: Es kann sein, dass sehr vieles dagegen spricht, und trotzdem »weiß« ich und »weiß« auch mein Partner, dass wir die Richtigen füreinander sind! Trotz der zahlreichen Fragen spielt die rational nicht auflösbare Intuition immer noch eine wichtige, vielleicht die entscheidende Rolle. Aber wozu dann das ganze Gedankenspiel? Es soll mir einfach für das, was ich gespürt habe, vielleicht nur in einem kleinen Winkel meines Herzens, Sicherheit geben. Oder auch: Diese Liste soll mich auf etwas, das ich bisher nicht beachtet hatte, aufmerksam machen und mich damit meine inneren Neigungen nochmals überprüfen lassen. Vollständige Sicherheit gibt es in Beziehungsentscheidungen nie. Hier beginnt das bleibende Wagnis, das eine Beziehung immer darstellt.

Warum heiraten? Zerstört Festlegung nicht die Lebendigkeit einer Liebesbeziehung?

Beobachtungen und Überlegungen

Obwohl das Heiraten in den letzten Jahren wieder populärer geworden ist, legen sich immer noch viele Paare diese Frage vor. Ich kenne jedenfalls viele, die seit Jahren unverheiratet zusammenleben und auch dazu stehen, weil es gute Gründe dafür gibt – finanzielle, rechtliche – oder weil man aus gesundheitlichen Gründen keine Kinder bekommen kann oder weil Kinder aus früheren Ehen vorhanden sind. Oft wird das Zusammenleben ohne Trauschein und rechtlichen Status auch damit begründet, dass es eine ständige Herausforderung ist, sich um die Beziehung und ihre Lebendigkeit zu bemühen, und darum ein Gegenmittel gegen Gewöhnung und Alltagstrott darstellt. Zweifellos sind solche Gründe – jedenfalls teilweise – einleuchtend und zu respektieren.

Andererseits habe ich viele Paare kennengelernt, bei denen sich – manchmal nach kürzerer, manchmal nach längerer Zeit des Zusammenlebens – entweder bei beiden Partnern oder bei einem von beiden das Bedürfnis einstellte, »in den Stand der Ehe zu treten«. Was hat es mit diesem Bedürfnis auf sich? Geht es dabei um Besitzdenken, nach dem Motto: »Ich will den anderen ganz für mich«? Oder um Sicherheitsbedürfnis: »Ich möchte verhindern, vom Anderen verlassen zu werden«? Oder um materielle Sicherheit und das gute Einkommen des Partners? Oder vielleicht auch nur um »Normalität« im Alltag: dass ich den anderen beispielsweise als »meinen Mann« oder »meine Frau« vorstellen kann und einen klar definierten Platz in der Gesellschaft habe? Sicherlich spielen solche Überlegungen häufig auch eine Rolle, mal mehr, mal weniger – und warum auch nicht? Aber kann man den Wunsch zu heiraten einfach damit gleichsetzen?

Mir hat eine Beobachtung zu denken gegeben: Bei Paaren, die den Wunsch zu heiraten zurückgedrängt haben, entweder weil beide es nicht wollten oder einer von beiden nicht bereit war, auf den Wunsch des Anderen einzugehen, stellte sich im Lauf der Zeit eine diffuse Unzufriedenheit oder Gedrücktheit ein, etwa ein Gefühl, man habe »etwas Wichtiges versäumt im Leben«, vor allem dann, wenn das Nicht-Heiraten auch mit der Nicht-Entscheidung für Kinder und schließlich mit dem Verzicht darauf verbunden war. Aber auch unabhängig vom Thema »Kinder oder nicht« drängt sich einem oder beiden häufig die Frage auf: Wer ist der Andere eigentlich für mich? Und was bin ich für ihn? Kann ich mich in Krisenzeiten auf den Anderen wirklich verlassen oder leben wir nur noch aus Gewohnheit zusammen? Gehören wir wirklich zusammen oder sind wir inzwischen »zu zweit allein«? Was hat unser Zusammenleben eigentlich noch für einen Sinn? Solche oder ähnliche Fragen beginnen in der Seele zu bohren.

Deshalb meine ich, dass der Wunsch zu heiraten nicht nur aus Besitz-Denken, Sicherheitsgefühl oder Anpassung an die Konvention kommt. Etwas Tieferes, etwas zutiefst Menschliches kommt darin zum Ausdruck. Beim Heiraten geht es um Bindung und um Verbindlichkeit in der Beziehung. In aller Öffentlichkeit bekenne ich mich zu diesem Partner: Wir gehören zusammen. Ich bin dein Mann, du bist meine Frau! Ich will mich verbindlich auf dich einlassen, mit dir zusammen den weiteren Weg gehen, ohne Wenn und Aber! Ein solcher Schritt kommt nicht – jedenfalls nicht in erster Linie – aus Besitzdenken oder materiellem Sicherheitsbedürfnis, sondern aus dem viel tieferen Bedürfnis, für jemanden der oder die »Einzige« zu sein, jemanden zu haben, auf den ich mich verlassen kann und der sich auf mich verlassen kann. Es ist der Wunsch, nicht allein zu sein, sondern einen Gefährten, eine Gefährtin zu haben auf dem Weg durchs weitere Leben, einen, der zu mir steht und zu dem ich stehe, komme, was da wolle. Natürlich kann ich – bei aller Liebe – nicht mit absoluter Sicherheit sagen, ob er für mich und ich für ihn dies auf die Dauer werde sein können. Aber mit dem Heiraten bringe ich meine Entscheidung, dies jedenfalls zu wollen, öffentlich zum Ausdruck.

Kein Mensch ist eine Insel. Um leben zu können, brauchen wir von Anfang an den Anderen, einen, der uns physisch und psychisch »trägt«, uns Halt gibt und durch seine positive Resonanz zeigt, dass wir liebenswerte und achtenswerte Menschen sind – und das nicht nur für die ersten Jahre unseres Daseins, sondern das ganze Leben hindurch, sicher als Erwachsene nicht mehr in dieser Dringlichkeit und Unbedingtheit wie in den ersten Jahren, aber immer noch aus einem sehr existenziellen, vielleicht dem existenziellsten Bedürfnis heraus. Und in der Frage, ob mich der Partner heiraten will, ist diese Frage enthalten: Wirst du, willst du der Mensch sein, der bei mir ist »in guten wie in schlechten Tagen« und mich nicht in der Welt allein lässt, für den ich der/die Einzige sein darf, die wichtigste Person im Leben?

Aber ist es nötig, dazu den ganzen rechtlichen und zeremoniellen Aufwand einer Heirat zu inszenieren? Ich antworte: Es ist zumindest sehr angemessen. Wir Menschen sind auf Zeichen und Rituale angewiesen, damit das, was wir wollen, gewissermaßen auch greifbar wird. Die Öffentlichkeit, in der wir das »Ja« zum Anderen sprechen, die rechtlichen Konsequenzen, die es hat, machen die Ernsthaftigkeit und Entschlossenheit dieses Vorhabens erst ganz »wirklich«.

Ich mache dazu immer wieder eine interessante Erfahrung: Ein Paar mittleren Alters, das schon lange unverheiratet zusammenlebt, macht den Schritt zur Ehe, oft aus scheinbar rein pragmatischen Gründen rechtlicher oder finanzieller Art. Und kurze Zeit später sagen beide: »Seltsam, es ist jetzt ein ganz anderes Gefühl. Wir sind in eine neue Phase unseres Lebens eingetreten. Es ist, als ob wir uns neu verliebt hätten ineinander, es ist, als ob wir erst jetzt richtig ein Paar wären!« Solche Aussagen habe ich schon oft gehört und sie zeigen, dass der Entschluss und Vollzug der Heirat tatsächlich eine neue Qualität in die Beziehung bringen kann. Die beiden Partner wissen und fühlen jetzt, wer sie füreinander sein wollen und sind, und das beglückt sie zutiefst.

Aber stellt sich dieses Wissen und dieses Gefühl nicht sehr oft als illusorisch heraus? Immer noch sind die Scheidungsquoten erschreckend hoch, in den Großstädten bis zur Hälfte aller eingegangenen Ehen! Wo ist da die Verbindlichkeit, die unbedingte Gefährtenschaft geblieben? Zweifellos misslingt dieses Vorhaben, eine Ehe zu leben, häufig. Viele Gründe, die ich hier nicht näher ausführen will, sind dafür verantwortlich. Und dennoch: Wenn wir zusammenleben und den weiteren Weg zusammen gehen wollen, ist der Schritt zum Heiraten zutiefst sinnvoll: Wenn ich ein anspruchsvolles Ziel habe, weiß ich nie ganz sicher, ob es mir auch gelingen wird, dieses Ziel zu erreichen. Aber wenn ich mich erst gar nicht entschlossen habe, es unbedingt anzusteuern, habe ich von vornherein verloren. Bei anspruchsvollen Projekten ist ein unbedingtes »commitment«, wie die Amerikaner sagen, erforderlich, um erfolgreich zu sein. Das gilt auch für die Paarbeziehung. Das ist für mich auch der bleibende Sinn des kirchlichen Traugelöbnisses: »bis der Tod uns scheidet«. Natürlich kann sich herausstellen, dass wir es nicht ein Leben lang durchhalten, dass wir uns getäuscht haben, dass das Leben mit uns ganz anderes vorhat, und noch vieles mehr. Und natürlich muss es dann möglich sein, dass wir unser Gelöbnis auch auflösen und den Kurs unseres Lebens ändern. Aber wenn wir die Kursrichtung gar nicht erst eindeutig eingeschlagen haben, werden wir sehr schnell davon abkommen, obwohl in dieser Beziehung vielleicht das Potential gelegen hätte, unser persönliches Glück zu finden.

Auf den Punkt gebracht

1. Wenn sich in einer Beziehung zwischen zwei Menschen bei einem oder beiden immer deutlicher der Wunsch bemerkbar macht, zu heiraten, dann ist zu überprüfen, ob dieser Wunsch nicht einen angestrebten Wendepunkt zu einer neuen Beziehungsphase ankündigt: den Wendepunkt zur Verbindlichkeit, die auch in einer Heirat zum Ausdruck gebracht werden will, um ganz real zu werden.

2. Wenn dieser Wunsch nicht beachtet oder von einem der Partner immer wieder abgeschlagen wird, besteht die Gefahr, dass sich die Beziehung nicht mehr weiterentwickelt und erstarrt, abgesehen davon, dass dann auch die Frage möglicher gemeinsamer Kinder häufig hinausgeschoben wird, in der Schwebe bleibt oder sich ohne eine klare Entscheidung aus biologischen Gründen erledigt.

3. Natürlich kann es auch gute Gründe geben, den Schritt zu einer »offiziellen« Ehe zu vermeiden, weil man dadurch große Nachteile hätte, zum Beispiele finanzielle, berufliche, gesellschaftliche Nachteile. Wenn beide Partner sich darin einig sind, sollten sie dennoch ihren Wunsch nach Verbindlichkeit und den beiderseitigen Entschluss dazu zum Ausdruck bringen und diesen Wendepunkt in ihrer Beziehung zum Beispiel in einem privaten Ritual und einem gemeinsamen Fest mit Verwandten und Freunden ausdrücklich markieren.

4. Es ist aber zu überprüfen, ob die Gründe, die gegen eine »offizielle« Heirat sprechen, wirklich zutreffend oder vielmehr vorgeschoben sind. Oft sind die eigentlichen Gründe psychischer Natur: die Unfähigkeit oder Schwierigkeit eines der beiden oder beider Partner, sich zu binden. In diesem Fall würde eine tiefergreifende therapeutische Auseinandersetzung mit der Frage aktuell. Außerdem wäre es wichtig zu wissen: Ist es der Wunsch beider, nicht zu heiraten, oder stellt einer der beiden Partner seinen Wunsch mit Rücksicht auf den anderen immer wieder zurück? Wenn das der Fall ist, entsteht ein Ungleichgewicht, das auf die Dauer der Beziehung nur schaden kann. Unbegrenzt auf den Partner zu »warten«, bis er vielleicht so weit ist, bringt nichts. Besser wäre es hier, ernsthaft über eine Trennung nachzudenken, um sich das weitere Leben nicht zu verbauen.

5. Die Schwierigkeit oder Unfähigkeit, verbindlich zu werden und dies auch, zum Beispiel mit der Heirat, zum Ausdruck zu bringen, hat in der Regel in früheren Enttäuschungen ihren Ursprung: Enttäuschungen mit früheren Beziehungen und oft – dahinterliegend – schlimme Bindungserfahrungen in den Herkunftsfamilien. Über solche Erfahrungen müssten die Partner miteinander ins Gespräch kommen, um einen Weg zu finden, wie sie hier – wahr-

scheinlich in einer Therapie – weiterkommen. Die Gefahr, dass sie sonst in ihrer menschlichen Entwicklung stecken bleiben, ist groß.

6. Wenn der Wunsch nach Heirat immer wieder auftaucht, bei dem einen Partner oder bei beiden, und es ihnen nicht gelingt, ihn zu realisieren, obwohl es keine wirklichen Gründe dafür gibt, dann sollten sie sich außerdem fragen, ob nicht eigentlich der Schritt zur Trennung ansteht, dem beide aus Angst ausweichen. Die Gefahr besteht, dass sich die Partner in einer sich nur noch dahinschleppenden Beziehung ihre Zukunft verbauen. Möglicherweise wäre es besser, sich zu trennen und einen neuen Anfang zu wagen. Dann eröffnen sich, wenn auch mit zeitlicher Verzögerung, wieder neue Wege, das zu finden, was man in einer Partnerschaft zutiefst sucht.

7. Wenn beim Wunsch zu heiraten auch weniger reife Motive eine Rolle spielen, wie innere und äußere Sicherheit durch die Ehe oder Anpassung an gesellschaftliche Konventionen, sollte man damit nicht zu streng umgehen. Solche Motive sind doch auch menschlich und spielen immer auch eine Rolle, und wir sollten sie deshalb nicht diffamieren. Wenn sie nicht die ausschlaggebenden sind, warum sollten sie dann nicht auch mitschwingen dürfen? Wir dürfen hier mit unseren Forderungen nach »vollkommener Liebe« auch nicht übertreiben.

Sich selbst behaupten oder sich dem Partner anpassen? Was ist in der Beziehung wichtiger?

Beobachtungen und Überlegungen

Aus der therapeutischen Erfahrung mit vielen Paaren antworte ich: Beides ist wichtig! Es kommt auf die gute Mischung an. Aber darin liegen gerade die Schwierigkeiten, die es sehr wohl als gerechtfertigt erscheinen lassen, diese Frage immer wieder zu stellen, weil es hier keine einfache Antwort »für alle Fälle« gibt. Ich will mich im Folgenden von zwei Extremen her auf einen Standpunkt hinbewegen, von dem aus man im jeweiligen Fall die Frage betrachten und sachgemäße Antworten finden kann.

Extrem Nr.1: Paarmuster »Es dem andern recht machen«. Dies ist vor allem ein klassisches Frauen-Muster. Die Frau opfert sich ganz für den Mann und die Familie auf. Sie verzichtet auf ein eigenes Leben und stellt eigene Interessen im Zweifelsfall immer wieder zurück. Allen anderen Personen in der Familie, dem Mann, den Kindern, den Eltern und

Schwiegereltern, gibt sie Vorrang. Auf den ersten Blick wirkt dieses Anpassungsverhalten wie die höchste Form der Liebe und Hingabe. Erwachsene Liebe ist aber nur möglich zwischen zwei Menschen, die sich eigenständig gegenüberstehen. Bei diesem Muster aber verschwindet die Frau als Person. Sie wird immer mehr eine Funktion für andere. Für sich selbst hat sie nichts. Wenn die Kinder aus dem Haus und die alten Eltern verstorben sind, steht sie vor dem »leeren Nest« und weiß nicht mehr, wofür sie lebt. Meist ist sie dadurch im Lauf der Jahre auch als Frau für den Mann uninteressant geworden. Er beschäftigt sich mit tausend Dingen, nur nicht mit ihr, weil er in ihr kein Gegenüber hat, und er geht so in seinem Beruf auf, dass er für nichts anderes mehr Zeit hat. Die Frau bleibt als eine bessere Hausmagd zurück, und nicht selten erlebt sie, wie er irgendwann mit einer Jüngeren ein aufregenderes Leben ohne sie beginnt.

Dasselbe Muster beobachtet man zwar seltener, aber auch bei manchen Männern. Der »Rechtmacher« ist ein ganz lieber Mensch, der seiner Ehefrau alle Wünsche von den Augen abzulesen versucht und immer auf dem Sprung ist, diese zu erfüllen. Anfangs kann sie es wunderbar finden, einen so aufmerksamen Partner zu haben, aber mit der Zeit beginnt er ihr schrecklich auf die Nerven zu gehen, weil er kein Gegenüber mehr darstellt, mit dem sie sich auseinandersetzen, an dem sie aber auch einen Halt finden könnte. Nicht selten fühlt er sich in seinen Bemühungen schließlich tragisch enttäuscht, weil sie einen Anderen viel männlicher findet und sich mit diesem zusammentut.

Extrem Nr. 2: Paarmuster »Es muss immer nach meinem Kopf gehen«. Hier steht die Selbstbehauptung obenan. Dies ist – als Pendant zum vorherigen typischen Frauenmuster – häufig das entsprechende Männermuster: Es muss immer nach seinem Kopf gehen. Er muss immer Recht haben. Im Grunde ist nur wichtig, was er meint, tut und entscheidet.

Ob er beruflich in einer führenden oder untergeordneten Position ist: Zu Hause ist er der Chef. Wenn er – wie das heute immer häufiger wird – bei Frau und Kindern auf Widerstand stößt, ist er selten kompromissbereit, sondern erhöht eher den Druck auf die Anderen. Oft verschärfen sich dadurch die häuslichen Konflikte immer mehr. Und damit sind wir dann auch bei der typischen Frauenvariante dieses Musters angelangt.

Häufig als Gegenreaktion auf das Verhalten des Partners lässt sich die Frau das nicht mehr gefallen. Um nicht unterzugehen, übt sie »Selbstbehautpung«, und zwar manchmal schon aus Prinzip. Wenn er etwas sagt, setzt sie etwas dagegen. Wenn er in diese Richtung will, will sie in die andere. Wenn er etwas für richtig hält, in der Erziehung zum Beispiel, meint sie, das sei genau die falsche Behandlung für ein Kind. Anpassung erscheint ihr als Kapitulation. Die Folge davon sind endlose Streitereien, die eine Beziehung zwar immer wieder spannend machen, aber auch viel Kraft kosten und allmählich das Fundament der Liebe erschüttern.

Das Resümee aus beiden Beispielen: Bloße Anpassung führt zum Desaster, sture Selbstbehauptung aber genauso. Also ist eine gute Mischung das Richtige. Aber das sagt sich so leicht, denn hier kommt etwas dazu, das in jeder Form von Kommunikation zu beobachten ist: Die Partner halten sich gegenseitig in solch destruktiven Mustern quasi fest und steigern sich immer mehr hinein, und zwar aufgrund der hier einsetzenden Wechselwirkungen. Wenn sich die Frau wie in unserem ersten Beispiel anpasst, empfindet der Mann geradezu die Notwendigkeit, seinerseits alles zu bestimmen, und je mehr sie sich anpasst, desto mehr. Oder die Dynamik läuft so ab: Wenn sie Widerstand leistet, sich also nicht mehr anpasst, bekommt er Angst um seine Position und »muss« den Druck verstärken. Das aber fordert die Frau heraus, noch mehr Widerstand zu leisten und sich nachdrücklicher selbst zu behaupten, wodurch der Mann sich genötigt fühlt, auch seinerseits noch stärker um seine Selbstbehauptung zu kämpfen. Bei dem ersten Paar spielt sich das starre Muster ein: der eine behauptet sich, der andere passt sich an. Und beim zweiten Paar das genauso starre Muster: Einer behauptet sich, und deshalb »muss« dasselbe auch der andere tun. Die Partner fixieren sich durch diese Dynamik auf einseitige Rollen; entweder scheint ihnen dann nur noch »Anpassung« oder nur noch »Selbstbehauptung« möglich zu sein. Deshalb ist der Ratschlag der »guten Mischung« leichter gesagt als befolgt. Auch wenn ich diesen Rat noch so sehr beherzige und mich noch so sehr darum bemühe, ich werde hineingezogen, entweder in die eine oder in die andere Position und Verhaltensweise. Aus solchen Erfahrungen, die sehr viele Menschen in Paarbeziehungen machen, ist wohl auch die Frage, mit der wir uns hier beschäftigen, gestellt.

Damit verwandelt sie sich aber in die Frage: Was ist nötig, um die »gute Mischung« herzustellen? Hier richte ich den Blick meiner Leser auf eine dritte Kategorie von Paaren, denen man ebenfalls begegnet; sie haben mit »Selbstbehauptung und Anpassung« nicht die geschilderten Probleme. Wie machen die das? Zum Beispiel: Der Mann will etwas unternehmen, zum Beispiel ins Kino gehen, und fordert die Frau auf, mitzukommen. Darauf sagt sie: »Die Idee hatte ich zwar gerade nicht, aber gut, ich mache mit!« Sie passt sich also an, sie »muss« es aber nicht. Denn beim nächsten Mal entgegnet sie auf die ähnliche Aufforderung des Mannes: »Du, darauf habe ich jetzt wirklich keine Lust. Und ich hatte mir außerdem gerade etwas anderes vorgenommen, das möchte ich jetzt lieber tun. Ist das in Ordnung für dich?« – Der Mann bedauert das zwar, aber er empfindet keinerlei Notwendigkeit, sich hier weiter behaupten zu müssen. Darum sagt er: »Schade, aber gut, dann gehe ich eben allein. Wann treffen wir uns wieder?« Er geht also nun seinerseits in die Anpassung, ohne in Selbstbehauptung verharren zu »müssen«. Hier sind beide nicht auf Selbstbehauptung oder Anpassung fixiert, sondern sie pendeln zwischen beiden Verhaltensweisen flexibel hin und her.

Wie kommt es, dass dieser flexible Ausgleich hier möglich ist? Was unterscheidet dieses Paar von den anderen oben geschilderten Paaren? Warum können beide sich das eine Mal anpassen, ohne die Angst, sich dabei aufzugeben, und das andere Mal behaupten, ohne davon nicht mehr lassen zu können? Hier wird ein wichtiger Punkt in unserer Fragestellung deutlich: Ich kann mich dem Anderen anpassen, wenn ich mich in meinem Ich so stark fühle, dass ich die Anpassung nicht als Niederlage erlebe. Andererseits kann ich mich selbst behaupten, wenn mein Ich so stark ist, dass es nicht um Selbstbehauptung kämpfen muss, wenn es einmal nicht nach seinem Kopf geht. Ich-Stärke braucht man für beides: Ich passe mich dem Partner an und gehe mir dabei nicht verloren. Ich behaupte meine Interessen, ohne mein Ich darin gegen den Anderen verteidigen zu müssen. Und das gibt mir die Möglichkeit, mich beim nächsten Mal auch wieder anzupassen, sodass beides sich abwechseln kann: Einmal setze ich meine Interessen durch, und der Andere passt sich an, das andere Mal bin ich bereit, mich anzupassen, wenn der Andere seine Interessen mir gegenüber vertritt.

Dieses »flexible« Paar-Muster (im Unterschied zu den vorher geschildertern »rigiden«) ist also möglich, wenn wir uns in unserer Persönlichkeit so gefestigt haben, dass weder bei Selbstbehauptung noch bei Anpassung im Hintergrund »Ich-Verlust« droht. Wir müssen unsere Person nicht gegen den Anderen verteidigen noch sie ihm unterwerfen – wir bleiben wir selbst, unabhängig davon, ob wir uns gegenüber dem Andern behaupten oder uns dem Anderen anpassen. Wir haben also die Wahlmöglichkeit, ohne den Zwang, das eine oder das andere tun zu müssen. Wir können je nach Situation wählen.

Auch hier gibt es eine Wechselwirkung, nun aber eine positiv verstärkende: Wenn ich erfahren habe, dass der Partner sich trotz seiner Anpassungsbereitschaft nicht nur unterwirft, sondern sich auch manchmal klar abgrenzt und selbst behauptet, bekomme ich mehr Mut, auch meine Wünsche und Forderungen klar und deutlich zum Ausdruck zu bringen. Und wenn ich erfahre, dass der Andere auch bereit ist, sich meinen Wünschen und Forderungen anzupassen, dann wird es mir auch leichter fallen, dies meinerseits ihm gegenüber ebenfalls zu tun. Dann wird aus dem Teufelskreis eines Machtkampfs oder einer Macht-Ohmacht-Beziehung die heilende Wechselwirkung einer Liebesbeziehung.

Das klingt jetzt alles ziemlich idealistisch. Auch in einer guten Beziehung geht es doch nicht immer so harmonisch zu. Auch hier gerät man immer wieder in das Dilemma: Entweder ich passe mich an und verliere mich, oder ich beginne mich selbst zu behaupten und dränge damit den Anderen entweder in zu viel Anpassung oder in zu viel Widerstand. Dann sind wir ja gerade wieder in diesen Teufelskreis geraten!

In solche Schwierigkeiten stolpern die meisten Paare gelegentlich wieder. Was ich geschildert habe, soll ein Zielbild sein, an dem man sich orientieren kann. Immer wieder kann ich mir sagen: Es ist gut, meine Interessen in der Beziehung zu behaupten. Aber ich gestehe das auch meinem Partner zu. Das heißt: Ich bin auch bereit, mich ihm anzupassen. Wenn sich das beide immer wieder sagen, kommt es zu einem Ausgleich, der beides verhindert: zu viel Anpassung und zu viel Selbstbehauptung. Wie das gehen kann und was man dazu braucht, dazu mehr im folgenden Abschnitt.

Auf den Punkt gebracht

1. Die Anwort auf die eingangs gestellte Frage lautet also: In der Paarbeziehung braucht man beides, sowohl Anpassung als auch Selbstbehauptung, und es funktioniert dann am besten, wenn beide zu beidem bereit sind, sodass insgesamt in der Beziehung ein Ausgleich stattfindet: Jeder der beiden Partner passt sich dem Anderen einmal an und ein anderes Mal setzt er sich durch. Dieser gegenseitige Ausgleich schafft eine positive Wechselwirkung, eine Nahrung für die Liebe der beiden füreinander.

2. Hilfreich ist es in jedem Fall, wenn beide am Aufbau eines stabilen eigenen Selbstwertgefühls arbeiten, sodass sie sich nicht durchsetzen »müssen« und nicht anpassen »müssen«, sondern immer die Wahlmöglichkeit für das eine oder andere behalten. Es ist also gut, wenn jeder darauf achtet, Dinge zu tun, die sein Selbstwertgefühl stärken. Dazu zählen unter anderem vor allem: eigene Aufgaben haben, die Erfolgserlebnisse mit sich bringen, und eigene Kontakte pflegen, in denen ich meinen Wert immer wieder positiv widergespiegelt erfahre.

3. An der Ich-Stärke und am Selbstwertgefühl muss man als Einzelperson unabhängig vom Partner arbeiten. Man kann aber auch die Paarbeziehung als Herausforderung dazu nutzen. Zum Beispiel: Warum habe ich ausgerechnet diesen Partner gewählt, der so schwer von seinem Standpunkt abzubringen ist, wenn er sich einmal darauf versteift hat? Ich kann diese Frage so beantworten: Ich habe ihn gewählt, um zu lernen, an der Auseinandersetzung mit dieser seiner Eigenschaft mein eigenes Ich zu stärken und eigene Positionen zu beziehen! Das ist mein persönliches Defizit und mein Partner fordert mich fast jeden Tag dazu heraus, mich mehr auf die Hinterbeine zu stellen! Ein solcher Lern-

prozess gelingt natürlich umso besser, je mehr auch der Partner die Situation für sich so begreift und sich sagt: Meine Partnerin fordert mich heraus, in meinen Standpunkten flexibler zu werden, öfter nachzugeben, öfter mich ihr anzuschließen ... Wenn beide das so sehen und üben, werden sie keineswegs, jedenfalls nicht sofort, eine konfliktfreie Beziehung haben, aber sie werden sich seltener in Konfliktpositionen verhärten und Auseinandersetzungen immer öfter zu konstruktiven Lernprozessen nutzen. »Mein Partner als Herausforderung für eigene Entwicklung«: Dies gehört zu den wichtigsten Grundsätze für die individuelle Weiterentwicklung in einer Paarbeziehung.

4. Im konkreten Umgang mit dem Partner/der Partnerin kann es auch hilfreich sein zu lernen, mit dem Anderen Verhandlungen zu führen. Dazu gehört, herauszufinden, wie man Kompromisse schließt und wie man »dritte Lösungen« findet. Im Folgenden einige Stichworte zu beidem:

Kompromisse:

- Wir stellen klar: Was willst du – was will ich?
- Wir loten aus: Wieweit bin ich bereit, dir entgegenzukommen, und wieweit bist du bereit, mir entgegenzukommen?
- Wir finden dann heraus: Wie sieht eine Lösung aus, bei der wir uns etwa in der Mitte treffen? Du verzichtest ein Stück weit, ich ebenfalls, sodass wir beide einen Teil von dem haben, was wir urspünglich wollten, und damit leben können.

Diese Methode, Kompromisse zu erarbeiten und sich daran in allen möglichen Angelegenheiten zu halten, von der Aufgabenverteilung im Alltag über die Freizeitgestaltung bis hin zur Sexualität, ist ein klassisches Beispiel für eine konstruktive Ausbalancierung von Selbstbehauptung und Anpassung in einer Paarbeziehung. Genauso deutlich wird das bei der zweiten erwähnten Strategie:

»Dritte Lösung«:

- Wir stellen klar: Was willst du – was will ich?
- Falls kein guter Kompromiss in Sicht ist oder wir einmal etwas anderes als Kompromisse wollen, überlegen wir: Vielleicht gibt es eine dritte Möglichkeit, die weder das eine noch das andere ist, aber uns beiden auch oder sogar noch besser gefällt als das urspüngliche »eine« oder »andere«, und diese dritte Möglichkeit realisieren wir.

Ein Beispiel: Ich möchte im Urlaub in die Berge, du möchtest dagegen ans Meer. Mir kommt es aufs Wandern dabei an, dir aufs Schwimmen. Die »dritte Lösung«, die wir finden, sieht so aus, dass wir an einen See fahren, der trotz seiner Höhenlage warm genug zum Schwimmen ist und so nahe an den Bergen liegt, dass man von da aus wunderbar wandern kann. Die »dritte Lösung« ist eine sehr kreative Form der Konfliktbewältigung, und sie enthält beides: die Bereitschaft, sich anzupassen, indem ich nicht rigide an meiner ursprünglichen Position festhalte, sondern bereit bin, mich davon wegzubewegen, und Selbstbehauptung, indem ich eigenständig Ideen entwickle, die dann unter Umständen zu einer ganz neuen Möglichkeit für beide führen.

Kinder kriegen oder kinderlos bleiben?

Beobachtungen und Überlegungen

Viele Paare, und hier vor allem die Frauen, stellen sich heute diese Frage, spätestens dann, wenn die Zeiger der biologischen Uhr schon in ihr drittes Lebensjahrzent vorgerückt sind. Warum haben sich Frauen in früheren Jahrzehnten diese Frage nicht gestellt und warum wird sie heute so dringlich, vor allem für Angehörige der Mittelschicht und Menschen von gehobenem Bildungsstand? Dafür gibt es viele Gründe:

1. Wohl der wichtigste Grund: Früher waren Kinder ein Schicksal. Es gab keine oder nur wenige – und dazu noch sehr problematische Möglichkeiten der Geburtenregelung. Sicherheit vor ungewollter Schwangerschaft gab es nur, wenn man sexuelle Enthaltsamkeit übte. Frauen, die keine Kinder bekamen, galten deshalb als unfruchtbar

und damit als körperlich defekt. Heute ist das Kinder-kriegen fast ausschließlich – wenn nicht irgendeine Un-achtsamkeit passiert– eine Sache der bewussten Ent-scheidung: »Ich will/wir wollen Kinder!« Eine Sache der bewussten Entscheidung *für* Kinder: Denn wenn Paare zwar keine Entscheidung *dagegen* getroffen haben, aber diese vor sich herschieben, bedeutet das in aller Regel auch, dass keine Kinder mehr zu erwarten sind, was dann allerdings häufig den Grundstein für spätere Enttäu-schungen und Probleme zwischen den Partnern legt, wenn die Frau endgültig zu alt dafür ist, Kinder zu be-kommen.

2. Früher waren die Kinder eine Alterssicherung. Es gab weder Renten noch eine andere Versorgung für alte Men-schen. Wenn sie Kinder hatten, dann war sichergestellt, dass sich eines davon um die alten Eltern kümmern würde. Heute dagegen sind Kinder ein Kostenfaktor. Trotz lobenswerter Anstrengungen der heutigen Regie-rungen, Familien finanziell besser zu stellen, bedeuten Kinder immer noch erhebliche finanzielle Mehrkosten. Paare, die Angst davor haben, finanziell nicht über die Runden zu kommen, oder andere, denen ein hoher Le-bensstandard sehr wichtig ist, entscheiden sich deshalb häufig gegen Kinder.

3. Ein weiterer Grund, warum sich früher das Thema Kinder nicht, dagegen heute so häufig stellt, ist die Rollendefini-tion von Mann und Frau. Die industrielle Revolution im 19. Jahrhundert erzwang mit dem neuen Fabriksystem, dass man das Elternhaus verlassen musste, um den Unter-halt der Familie zu sichern. Wenn das der Mann allein be-wältigte und die Frau deshalb zu Hause bleiben »konnte« oder »durfte«, war das ein großer sozialer Vorteil für die Familie, weil dann jemand für die Kinder da war und sich

nur der Mann um die Existenzerhaltung kümmern musste. Damit wurde »Hausfrau und Mutter« zur ehrenvollen Lebensaufgabe für die Frau, während die Aufgabe des »Existenzerhalters« ausschließliche Sache des Mannes wurde. Diese Rollenaufteilung war seit dieser Zeit prägend, nicht nur im Arbeitermilieu, sondern auch in der bürgerlichen Familie des 18. und bis in die erste Hälfte des 20. Jahrhunderts: »Der Mann muss hinaus ins feindliche Leben … Und drinnen waltet die züchtige Hausfrau, die Mutter der Kinder …«: Diese klassischen Verse (Schiller, Das Lied von der Glocke) verankern die Rollenverteilung in der Natur des Menschen selbst, und so haben es die Angehörigen der heutigen Generation der Älteren noch als völlig selbstverständlich in sich aufgenommen. Den Resten dieses Rollenbewusstseins begegnen wir heute noch überall. Und dennoch ist hier vieles in Bewegung geraten, vor allem durch die Frauen, die heute aufs Ganze gesehen gleich gut ausgebildet sind wie die Männer. In den Schulen wie an den Universitäten schneiden sie häufig sogar besser ab, in manchen Studienfächern, auch in solchen, die früher ausschließliche Männerdomäne waren, wie etwa der Medizin und der Jurisprudenz, sind sie prozentual häufiger vertreten als die Männer. In den Bildungsmöglichkeiten ist heutzutage die Gleichstellung der Geschlechter so gut wie vollständig hergestellt. Damit aber ist gegeben, dass Frauen auch in gleicher Weise wie die Männer ihre Ausbildung in einem qualifizierten Beruf nutzen wollen. Im Bewusstsein der Frauen hat ihre ausschließliche Zuständigkeit für Familie und Kinder aufgehört zu existieren, während die Rolle des ausschließlichen Existenzerhalters noch sehr viel stärker das Bewusstsein der Männer bestimmt. Wenn dadurch die Rollen der »Familienfrau« und der »Berufsfrau« in Konflikt miteinander kommen, geht dies immer häufiger zu Lasten einer Entscheidung für Kinder, weil das für viele Frauen den Verzicht auf eine adäquate Berufstätigkeit bedeutet.

4. Früher war auch die Religion ein wichtiger Faktor, der vielen Kindern auf die Welt verhalf. Wenn sich auch zahlreiche Menschen schon damals nicht an die kirchlichen Vorschriften hielten, so waren diese doch bewusst oder unterbewusst wirksam: Sexualität war danach moralisch nur dann einwandfrei, wenn man in ihrem Vollzug Befruchtung nicht aktiv verhinderte. Geburtenregelung durch Kondome und dergleichen war – schwere! – Sünde. Sexualität zwischen Partnern durfte nur sein, wenn auch die Möglichkeit gegeben war, dadurch Kinder zu zeugen. Heute fühlt sich nur eine immer kleiner werdende Minderheit an solche (auf katholischer Seite offiziell immer noch geltenden) Moralgesetze gebunden. In der öffentlichen Meinung werden Frauen und Familien mit vielen Kindern sogar eher scheel angesehen (obwohl sich in allerletzter Zeit auch hier ein Wandel zu vollziehen scheint). Somit kommt es immer ausschließlicher auf die ganz und gar freie und ausdrückliche Entscheidung für ein Kind an, damit es auch auf die Welt kommen kann.

5. Ein weiterer wichtiger Faktor ist heute häufig zu beobachten: Um sich für Kinder zu entscheiden, möchte man sicher sein, dass die Partnerbeziehung hält und man möglichen Kindern eine Trennung und sich selbst Stress und ein schlechtes Gewissen erspart. Das »Halten« der Beziehung war aber früher viel sicherer als heute: Wirtschaftliche Notwendigkeiten des Überlebens, ein ehrenvoller Stand in der Gesellschaft, Religion und Konvention sorgten »von außen« dafür, dass eine Scheidung kaum in Frage kam. Heute dagegen hängt die Stabilität einer Beziehung immer ausschließlicher daran, ob die Partner

selbst eine dauerhaft gute Beziehung zustande bringen. Früher waren viele Ehen sicherlich genauso unbefriedigend wie heute – trotzdem war ihre Stabilität und damit der Bestand der Familie nicht gefährdet. Wenn sich heute zwei Partner schlecht verstehen, liegen der Gedanke an Trennung und die Möglichkeit dazu gleich viel näher. Diese größere Ungewissheit verbindet sich mit dem viel stärker gewachsenen Bewusstsein, dass eine Trennung ein Trauma für Kinder sein könnte, und so wählt man häufig eher die Kinderlosigkeit durch bewusste Entscheidung oder de facto durch die erwähnte »Nicht-Entscheidung«.

6. Zur Angst vor einer möglichen Traumatisierung von »Scheidungskindern«, die in dieser »Allgemeinheit« sicher nicht berechtigt, aber weitverbreitet ist, kommt noch eine weitere populärwissenschaftliche »Ideologie«, die vor allem die Frauen betrifft: »Kinder brauchen die Mutter«, möglichst lange, möglichst 24 Stunden am Tag. Die Mutter-Kind-Beziehung sei das absolut Zentrale für ein gutes Gedeihen der Kinder. Diese kollektive, in Deutschland besonders verbreitete Überzeugung machte und macht noch immer unzähligen Frauen ein schlechtes Gewissen, weil sie mit einer Berufstätigkeit nicht diesem Übermutter-Ideal entsprechen können oder wollen, und darum fällt dann auch häufig die Entscheidung, »lieber kinderlos zu bleiben«. Inzwischen weiß man allerdings durch die Wissenschaft: Zweifellos ist am Anfang der Aufbau einer innigen und kontinuierlichen Mutter-Kind-Beziehung für die seelische Gesundheit von Kindern grundlegend. Allerdings muss man zu dieser Erkenntnis eine andere hinzunehmen: Schon sehr viel früher als bisher angenommen werden auch andere Bezugspersonen, allen voran der Vater, für das Kind wichtig. Schon sehr bald, noch in der Stillphase, ist es wichtig und möglich, dass der Vater eine Beziehung zum Kind aufbaut, nicht

nur, um die Mutter zu entlasten, sondern auch, weil er dem Kind noch zusätzliche Bindungssicherheit vermittelt, wenn auch er »da« ist. Außerdem werden für kleine Kinder ebenfalls viel früher als bisher angenommen, auch andere Kinder derselben Altersgruppe wichtig und anregend. Schon sehr kleine Kinder genießen es und haben großen Gewinn für ihre soziale und und intellektuelle Entwicklung, wenn sie zusammen mit anderen spielen und lernen. Dazu bedarf es freilich kompetenter Anleitung, aber die leistet eine ausgebildete Betreuerin meist besser als die eigene Mutter! Diese Erfahrung und dieses Wissen verbreiten sich heute immer mehr. Allerdings haben sie sich noch lang nicht allgemein durchgesetzt; das mahnende »Übermutter-Gewissen« ist immer noch wirksam und verhindert deshalb Kinder, weil heutige junge Frauen dem nicht mehr entsprechen können oder wollen.

7. Zusätzlich zu all diesen für das Zur-Welt-Kommen von Kindern ungünstigen Bedingungen nehmen Paare, die heutzutage Kinder bekommen, noch manche Schwierigkeiten in Kauf: Sie sind finanziell schlechter gestellt, trotz des kürzlich eingeführten Elterngeldes; sie haben ungeachtet der derzeitigen politischen Bemühungen durchaus keine Sicherheit, ob eine Kinderbetreuung außerhalb der Familie und/oder ein Platz in einer Ganztagsschule vorhanden ist; sie riskieren, wenn sie sich für die Familie entscheiden, ein Stagnieren oder einen Karriere-Knick in ihren Berufen, obwohl die Rede von der »work-life balance« in fast allen Betrieben an der Tagesordnung ist. Vor allem die Männer riskieren zudem immer noch, von ihren Vorgesetzten und von ihren Kollegen diffamiert zu werden, wenn sie wegen der Kinder Elternzeit nehmen oder gar in Teilzeit arbeiten.

Nimmt man dies alles zusammen, kann einem schon der Gedanke kommen: Es ist ein Wunder, dass es hierzulande überhaupt noch Paare gibt, welche die Frage »Kinder?« mit einem »Ja« beantworten! Wie sehr die gesellschaftlichen Rahmenbedingungen solche Entscheidungen beeinflussen, sieht man auch daran, dass seit der familienfreundlicheren Politik der derzeitigen Regierung die Geburtenrate in Deutschland bereits merklich angestiegen ist. Dies ist erfreulich, nicht nur, weil damit eine Gegenbewegung gegen den Prozess der fortschreitenden Überalterung unserer Gesellschaft einzusetzen scheint, sondern auch deshalb, weil aus psychologischer Sicht zahlreiche Gründe dafür sprechen, dass ein Paar Kinder in die Welt setzen sollte. Diesen psychologischen Gründen – warum es für die Liebe in der Paarbeziehung wichtig ist, Kinder zu bekommen – wenden wir uns jetzt zu:

1. Es ist eine Erfahrungstatsache, dass die Liebe in einer Zweierbeziehung für sich allein Gefahr läuft zu ermüden. »Liebe besteht nicht darin, dass man einander in die Augen schaut, sondern darin, dass man miteinander in dieselbe Richtung schaut«, hat Antoine de Saint-Exupéry formuliert. Das Fasziniertsein vom Partner in der Verliebtheit verbraucht sich mit der Zeit. Ein gemeinsames Drittes muss hinzukommen, an dem sich die Liebe immer wieder neu entzünden und vertiefen kann. Oder anders ausgedrückt: Die Partnerliebe muss die Möglichkeit haben, sich nach außen zu wenden, um sich als Partnerliebe zu erneuern. Die Liebe will auf Dauer in einem Dritten fruchtbar werden. Und es ist das Natürlichste von der Welt, dass dieses Dritte ein gemeinsames Kind ist. Wenn Mann und Frau dieses Kind betrachten, sehen und erleben sie »leibhaftig« die Frucht ihrer Liebe. Und das bereichert auch ihre Partnerliebe und gibt ihr eine neue Dimension: das gemeinsame Erleben dessen, was da aus

ihnen selbst kommt und heranwächst, und die gemeinsame Sorge dafür. Es kann natürlich auch Gründe geben, warum ein gemeinsames Kind nicht möglich ist – biologische oder auch andere. Dann sollten sich die Paare aber ganz bewusst damit auseinandersetzen und darüber sprechen, was an die Stelle dieses leiblichen Kindes als »gemeinsames Drittes« treten könnte.

2. Das Gesagte scheint mir durch eine weitere Beobachtung untermauert zu werden: Paare jenseits der Lebensmitte, also im Alter von etwa 50 und mehr Jahren, spüren häufig die Sehnsucht danach, dass etwas von ihnen in die nächste Generation übergehen möge. Am besten ist das bei den Großmüttern und Großvätern und ihrer innigen Freude an ihren Enkelkindern zu beobachten. Es ist die Freude darüber, dass »das Leben«, »ihr« Leben, in den Enkeln weitergeht. Dies scheint mir noch grundlegender zu sein als die ebenfalls zu beobachtende Freude, wenn Kinder und Kindeskinder auch etwas von dem Konkreten weiterführen, das die Eltern aufgebaut haben, sei es eine Firma oder ein ähnlicher Beruf oder ein ähnliches Werk oder Engagement. Dieser Freude des Weitergebens berauben sich Paare, die sich nicht für Kinder entscheiden konnten. Oft hat dies eine tiefe Depression, vor allem bei den Frauen in diesem Alter, zur Folge, wenn sie die Erfahrung machen, dass es jetzt zu spät ist, um noch auf Kinder zu hoffen. Daraus entstehen nicht selten Vorwürfe an den Partner, späte Enttäuschungen oder der traurige Gedanke: »Ach, hätten wir doch damals …«

3. Natürlich kann es auch da, wo es aller Voraussicht nach biologisch möglich wäre, dennoch gute Gründe geben, sich gegen Kinder zu entscheiden. Aber bevor man eine solche Entscheidung trifft, sollten sich Paare genau im Hinblick auf die Motive befragen: Sind es die wirklichen

Motive? Welche Gründe stecken dahinter und wie tragfähig sind sie wirklich? Zum Beispiel würde ich hinter
den häufig geäußerten Grund: »Ich will nicht meinen
Kindern dasselbe zumuten, was meine Eltern mir zugemutet haben!«, ein dickes Fragezeichen setzen. Natürlich
werde ich an meine Kinder auch weitergeben, was ich
von meinen Eltern bekommen oder nicht bekommen
habe – beides im guten wie im problematischen Sinn.
Aber erstens ist es völlig unrealistisch, zu meinen, man
könnte erst dann Kinder in die Welt setzen, wenn sichergestellt ist, dass man an sie nur »makelloses« psychisches
und/oder physisches Erbe weitergeben wird; denn ein solches gibt es nicht. Und zweitens blende ich durch ein solches Argument die Möglichkeit einer eigenen positiven
Weiterentwicklung aus, die uns als Paar wie auch unseren
Kindern gegeben ist, die wir und sie nutzen können, damit es besser weitergeht. Mit diesen Hinweisen will ich
natürlich nicht behaupten, dass hinter der Entscheidung,
keine Kinder zu haben, immer zweifelhafte Motive
stecken. Aber ich will die Paare auffordern, diese Motive
einer genauen Prüfung zu unterziehen, sie miteinander zu
diskutieren und sie nicht allzu schnell zu akzeptieren.
Diese Ehrlichkeit sich selbst und dem Partner gegenüber
wird verhindern, dass es im weiteren Zusammenleben
deshalb zu Konflikten und Enttäuschungen kommt.

4. Auf einen weiteren Punkt, den ich schon mehrfach ange-
   deutet habe, möchte ich jetzt noch ausdrücklich hinweisen: auf die Destruktivität eines »unentschiedenen« Zu-
   standes. Ich kenne viele junge Paare, die »eigentlich«
   Kinder möchten oder bei denen die Frau »eigentlich« sogar entschlossen ist, Kinder zu haben. Aber es kommt
   nicht dazu, weil es nie richtig passt, weil immer etwas dazwischenkommt, weil man die Entscheidung lieber noch
   ein wenig hinausschiebt oder weil einer von beiden – häu-

fig der Mann – noch nicht eindeutig mitzieht … Die heutigen Möglichkeiten der Geburtenkontrolle geben in solchen Fällen die fast hundertprozentige Gewissheit, dass deshalb »noch« kein Kind gezeugt wird. Und plötzlich ist es zu spät, entweder weil die Frau schon ins Klimakterium kommt oder einfach deshalb, weil ab dem 26. Lebensjahr der Frau statistisch gesehen die Wahrscheinlichkeit, Kinder zu bekommen, kontinuierlich abnimmt und von Jahr zu Jahr geringer wird, auch wenn die biologischen Möglichkeiten dazu »an sich« immer noch vorhanden sind. Ich muss mir klarmachen: Der unentschiedene Zustand ist so lange eine »Entscheidung gegen«, wie ich nicht die ausdrückliche »Entscheidung für« getroffen habe, und je länger ich diesen aufrechterhalte, desto unwahrscheinlicher wird ein Kind.

Das heißt für den Partner, der »eigentlich« dafür oder »mehr« dafür ist, dass er den anderen Partner rechtzeitig und eindeutig herausfordern muss: »Wie ist es jetzt damit? Für mich ist der Zeitpunkt jetzt gekommen! Wie stehst du dazu? Ich will jetzt …!« Diese Auseinandersetzung mag nicht einfach sein. Vielleicht fürchtet der Kinderwillige sogar, dass die Beziehung daran zerbrechen könnte, wenn der Andere dann definitiv »Nein« sagt. Aber alles andere ist ein Weiter-Hinausschieben, und der befürchtete Konflikt wird damit nicht aus der Welt geschafft, sondern nur hinausgeschoben. Man schafft damit keine guten Voraussetzungen für ein befriedigendes Weiterbestehen der Beziehung.

Es gibt also – abgesehen von den gesellschaftlichen Gründen (»Überalterung«) – auch gewichtige psychologische Gründe, sich mit der Frage »Kinder oder keine?« ernsthaft auseinanderzusetzen. Der Verzicht auf Kinder oder die »Nicht-Entscheidung« enthält eine Menge Zündstoff für die Zufriedenheit und den Erhalt der Paarbeziehung selbst.

Auf den Punkt gebracht

1. Aufgrund der vielen historischen und gesellschaftlichen Faktoren, die gegen Kinder sprechen, braucht man heute zweifellos großen Mut, die Entscheidung für Kinder explizit zu treffen. Darum darf die Frage nicht immer wieder hinausgeschoben werden, sondern beide Partner müssen sich – jeder für sich – diese Frage rechtzeitig und ausdrücklich stellen.

2. Diese Frage darf in der Partnerschaft auch nicht verschwiegen werden. Sobald sie sich bei einem der beiden stellt, ist sie wichtiges Thema auch für die Beziehung und muss besprochen werden, auch wenn das zu Konflikten und Meinungsverschiedenheiten führt, die unangenehm sind.

3. Beim Abwägen der Frage »Kind oder nicht?« spielt natürlich die Frage, ob es »gerade jetzt passen« würde, eine wichtige Rolle: Die Lebenssituation, die finanzielle Lage, die berufliche Situation und anderes mehr sind wichtig. Aber abgesehen von solchen praktischen Erwägungen sollte die Frage nach dem seelischen Bedürfnis nicht vergessen oder in den Hintergrund gedrängt werden. Manchmal ist es nämlich auch so, dass es äußerlich »überhaupt nicht passt«, und dennoch spüren die Partner oder spürt einer der beiden (meist die Frau): Jetzt ist es trotzdem an der Zeit. Jetzt »muss« es sein – trotz allem. Dieses innerliche »Jetzt muss es sein« darf nicht einfach mit dem »äußerlichen Nicht-Passen« wegargumentiert oder übergangen werden. Immer wieder ist zu beobachten, dass Paare, wenn sie dieser inneren Stimme folgen, dann auch einen Weg finden, mit den äußeren Komplikationen zurechtzukommen. Vertrauen ist hier nötig, dass sich die Dinge schon fügen werden, dass Hilfen gefunden werden. Es geht ja bei der Kinderfrage um einen zentralen Punkt der Zukunftsvorstellung und Lebens-

perspektive des Paares – und diese darf nicht immer nur der Frage, ob es gerade passt, nachgeordnet werden.

4. Wenn für das Paar entschieden ist: »Wir wollen Kinder«, dann empfiehlt es sich dringend, dies möglichst früh in die Realität umzusetzen, und dies aus zwei wesentlichen Gründen: Wie erwähnt wird die Wahrscheinlichkeit, Kinder zu bekommen, schon sehr lange vor dem Einsetzen des Klimakteriums bei der Frau immer geringer. Statistiken sprechen vom Einsetzen dieses Prozesses ab dem 26. Lebensjahr. Das heißt: Für viele Frauen fiele dieser Zeitpunkt noch in die Phase ihrer Ausbildung. Das ist einerseits kein idealer Zeitpunkt, aber unter Umständen ist er günstiger als ein späterer, wenn sie bereits im Beruf steht. Und hier setzt meine zweite Überlegung ein: Wenn Frauen den Kinderwunsch weiter hinausschieben, wird die berufliche Einbindung immer stärker und damit der Einschnitt durch ein Kind immer krasser. Natürlich könnte dies abgemildert werden, wenn die Elternzeit für Männer selbstverständlicher und eine wirkliche Familienorientierung der Betriebe häufiger wäre. Dennoch: Wenn die Frau bereits die ersten Stufen der Karriereleiter genommen hat, wird es in der Regel für sie schwieriger, sich für ein Kind zu entscheiden, als wenn sie noch am Anfang oder vor ihrem Berufseinstieg steht.

5. Dies verlangt freilich eine erhebliche Risikobereitschaft. Man ist beruflich noch nicht etabliert, finanziell noch nicht abgesichert, man weiß nicht, ob die Beziehung wirklich halten wird, und anderes mehr. Die andere Seite ist allerdings: Wenn man den Zeitpunkt abwartet, an dem es wirklich »vernünftig« wäre, ein Kind zu haben, und alle diese Risiken überwunden sind, wird es höchstwahrscheinlich zu spät sein.

6. Partner, Frauen wie Männer, sollten mehr riskieren, ihren Vorgesetzten etwas zuzumuten. Zweifellos sind angesichts der Überalterung der Gesellschaft die gewichtigeren Argumente auf ihrer Seite. Dabei will ich betonen: Auch für die Männer ändert sich die Situation von Grund auf, sobald ein Kind geboren wird. Dass sie Elternzeit in Anspruch nehmen, scheint mir noch das Mindeste. Dass sie mehr beantragen als die beiden »Partnermonate«, sollte immer selbstverständlicher werden. Dass sie Rücksicht und Verständnis einfordern, wenn sie wegen der Kinder einmal früher gehen oder einen Tag zu Hause bleiben müssen, sollte sich ebenfalls mehr und mehr einbürgern. Auch flexible Teilzeitregelungen für Männer im Interesse der Entlastung der Frauen und der größeren Präsenz der Väter in den Familien müssten als eine Möglichkeit realisierbar sein und sollten immer häufiger von den Männern eingefordert werden.

7. Noch ein letztes Wort an die Frauen, bei denen das Kinderkriegen nicht Realität wird, weil deren Partner sich immer wieder sträuben, ein klares Ja zu sagen. Hier ist Konfrontation angesagt. Wenn die Frau fühlt, dass es jetzt an der Zeit ist, dann soll sie nicht lockerlassen. Und sie soll nicht verlangen, dass das Ja vom Mann ohne Sträuben oder gar begeistert kommt. Dadurch würde sie ihn vielleicht im Moment überfordern, und damit blockiert sie nur sich selbst und ihre eigenen Wünsche. Sehr häufig geschieht es, dass der Mann erst durch den unmittelbaren Kontakt mit dem kleinen Erdenwesen, also nach der Geburt, emotional gewonnen wird. Die Frau ist meist von Anfang an viel näher an den Ereignissen als er, und deshalb soll sie ihm auch die nötige Anlaufzeit zugestehen und sich dadurch nicht in sein Zaudern hineinziehen lassen.

Wie viel Verschiedenheit verträgt die Liebe, wie viel Gleichheit oder Ähnlichkeit braucht sie?

Beobachtungen und Überlegungen

Zu dieser Frage gibt es bekanntlich zwei Sprichwörter, die als widersprüchlich erscheinen und deshalb eher die Frage verschärfen, als sie zu beantworten: »Gegensätze ziehen sich an« und »Gleich und Gleich gesellt sich gern«. Wenn wir diese beiden Sätze auf Paarbeziehungen anwenden wollen, könnte das heißen: Beides ist nötig, damit ein Paar auf die Dauer gut miteinander auskommt und seine Liebe lebendig bleiben kann: sowohl die Gegensätzlichkeit der Partner als auch Gleichheit oder Ähnlichkeit. Aber wie soll das gehen? Häufig haben sich die einen am Anfang als sehr gegensätzlich erlebt, gleichsam wie an zwei verschiedenen Polen, und gerade das war die Quelle ihrer Faszination für den Anderen. Bei der anderen Gruppe von Paaren dagegen haben sich die Partner als sehr ähnlich erlebt, sozusagen als »Seelenverwandte«, und gerade das war bei ihnen die

Quelle ihrer Liebe. Aber das Fatale ist: Im Laufe der Zeit bekommen die Gegensätzlichen gerade mit ihrer Gegensätzlichkeit heftige Probleme und die Gleichen mit ihrer Ähnlichkeit ... Die auf Dauer angelegte Paarbeziehung – also ein unmögliches Unterfangen? Natürlich antworte ich auf diese Frage mit Nein! Denn ich behaupte: Es ist möglich, dass die Gegensätzlichen sich dem Pol der Gleichheit annähern können (ohne dass es langweilig wird) und dass die Gleichen mehr Gegensätzlichkeit in ihre Beziehung bringen können (ohne dass sie sich darin verlieren)! Wie soll das gehen? Beginnen wir mit den Gegensätzlichen!

1. In der Verliebtheit erleben sie es oft so: Sie ist von seiner rationalen Klarheit fasziniert, er von ihrer Gefühlsintensität; oder: Sie liebt seine stille, zugewandte Art, er ist begeistert von ihrer sprudelnden Lebendigkeit; oder: Er ist beeindruckt von ihrem durch und durch praktischen Sinn, sie von seiner gedanklichen Tiefe; sie bewundert ihn ganz und gar, und er genießt es, von ihr bewundert zu werden ... Das sind alles Gegensätze, die sich anziehen und die nicht zuletzt häufig auch wesentlich zur sexuellen Intensität ihrer Begegnungen beitragen. Es ist letztlich so, wie Platon es in seinem berühmten Mythos von der Entstehung der Menschen darstellt: Am Anfang waren die Menschen Kugelwesen, am Nabel zusammengewachsen und dadurch alle Gegensätzlichkeiten in sich vereinend. Dem Göttervater wären sie so zu mächtig geworden, darum trennte er sie jeweils am Nabel in zwei Hälften. Seither sucht die eine Hälfte stets die andere ... Wir erleben uns nicht als vollständig. Darum sind wir auf der Suche nach der »anderen Hälfte«, nach Er-gänzung. Und ergänzend erleben wir das, was wir nicht haben und was wir nicht sind. Wenn wir diesem Fehlenden im anderen Menschen begegnen, ist es, als hätten wir diese andere Hälfte gefunden. Dabei geht es nicht um *irgendeine* andersartige Eigenschaft, sondern be-

sonders anziehend ist für uns die jeweils genau entgegengesetzte: verstandesbetont – gefühlsbetont, zurückhaltend – expressiv, praktisch ausgerichtet – theoretisch veranlagt, gebend – empfangend. Diese Polaritäten gehören »eigentlich« zusammen, sind wie zwei Seiten einer Medaille, darum sehnen wir uns jeweils nach der entgegengesetzten Eigenschaft. Sie kommt uns irgendwie bekannt vor, sie fehlt uns wie unsere »andere Hälfte«, darum suchen wir sie, und wenn wir sie im Anderen gefunden zu haben meinen, dann »funkt« es zwischen uns.

Wenn sich solche Paare allerdings genau deshalb zusammentun und den Alltag miteinander leben, wendet sich häufig nach einiger Zeit das Blatt: Seine rationale Klarheit erlebt sie auf einmal als sterile Kopflastigkeit, ihre Gefühlsintensität empfindet er als irrationale Gefühlsduselei; seine stille Art wird für sie zur Verschlossenheit, ihre sprudelnde Lebendigkeit für ihn zur störenden Unruhe; ihr praktischer Sinn nervt ihn plötzlich als Oberflächlichkeit und Desinteresse, seine gedankliche Tiefe macht sie ungeduldig, weil sie viel eher seine tätige Mithilfe brauchte; und die allzeit Bewundernde will schließlich selbst auch einmal von ihm bewundert werden, aber dazu scheint er nicht fähig oder willens … Genau das, was wir am Andern anfangs so anziehend fanden, weil es »so anders« war, beginnt uns jetzt zu stören. Denn für die Alltagsbewältigung braucht man mehr Gleichheit oder Ähnlichkeit: im Empfinden, im Beurteilen der Lage, in der Bewältigung der täglichen Probleme und in der Kommunikation. So beginnen im Laufe des Zusammenlebens die für solche Paare typischen Streitspiralen, die die ursprüngliche Faszination nicht selten in Ablehnung verwandeln.

Was brauchen solche Paare? Sie müssen sich dem typischen Anfangs-Irrtum ihrer Beziehung stellen: Die Verschmelzungserfahrung ihrer Verliebtheit hat aus zwei Wesen eben nicht wirklich eins gemacht, hat nicht die Wiederherstellung des anfänglichen vollkommenen »Kugelwesens« bewirkt. Die beiden sind zwei Wesen *geblieben*. Der Verstandesmensch bleibt derselbe, der Gefühlsmensch ebenfalls, und der Praktiker wurde nicht plötzlich auch theoretisch interessiert und umgekehrt. Das heißt aber: Der andere wird auch durch die leidenschaftlichste Verliebtheit nicht mein Eigen, er bleibt er selber und von mir unterschieden.

Und darum macht mich seine ganz gegensätzliche Art, die mich jetzt so ärgert, darauf aufmerksam, dass mir nach wie vor etwas fehlt und dass die Eigenschaften, die er lebt, bei mir verkümmert, nicht ausgebildet, vielleicht auch »verkorkst« sind oder ein »Schatten«-Dasein führen: meine Gefühlswelt, mein praktischer Sinn, meine Art zu denken. Der Partner mit seinen Fähigkeiten in diesen Bereichen konfrontiert mich jetzt damit, dass ich hier eigentlich Entwicklungsbedarf hätte, den er nicht kompensieren kann, auch wenn ich es noch so gern an ihn delegieren würde. Wenn die »ungleichen« Partner das realisiert haben, brauchen sie sich nicht mehr über den Anderen zu ärgern, vielmehr wenden sie sich ihrer eigenen Person zu. Der Partner mit seinem Anderssein hört auf, meine idealisierte »andere Hälfte« zu sein wie am Anfang, und sein Anderssein ist mir auch nicht mehr, wie es später der Fall war, Stein des Anstoßes, sondern ich fange an, ihn als Herausforderung für meine eigene Entwicklung in diesem Bereich zu nehmen: Als Verstandesmensch wende ich mich meiner eigenen – vielleicht verkümmerten – Gefühlswelt zu, als Gefühlsmensch kümmere ich mich mehr um mein Denken, als Praktiker fange ich an, mich mit den tieferen Fragen des Lebens zu beschäftigen, und Denker beginnen, sich mehr um die konkrete Bewältigung der Lebenspraxis zu kümmern.

Damit kommt nun die bisher fehlende Gleichheit ins Spiel: Die Partner bewegen sich aufeinander zu. Wer sich mit den großen Fragen des Daseins beschäftigt, beginnt vielleicht auch darauf zu achten, dass er den Tisch nach dem

Essen ab und zu einmal abräumt, und der lebenspraktischere Partner liest auch einmal einer tiefer schürfendes Buch, über das er mit dem Anderen dann ins Gespräch kommen kann; und derjenige, der es gewohnt ist, vom Anderen bewundert zu werden, achtet darauf, auch einmal bei seinem Partner etwas gut zu finden und ihm das auch zu sagen, weil er spürt, dass es diesem richtig guttut. Immer noch wird genügend Polariät und Ungleichheit bleiben, damit es den beiden nicht langweilig wird. Aber diese Bewegung aufeinander zu wird das nötige Quantum Gleichheit in die Beziehung bringen, und das wird ihrer Liebe guttun. Denn jeder spürt dadurch, dass sich der andere bemüht, ihn im Alltag nicht allein zu lassen, sondern ihn dort zu entlasten, wo die Einseitigkeit zur Belastung der Beziehung wird, auch wenn das nicht immer vollkommen gelingen wird.

2. Wie steht es nun aber mit den Paaren, bei denen am Anfang die Ähnlichkeit oder Gleichheit überwiegt? Das sind die Paare, die am Anfang ihrer Beziehung davon tief berührt werden, weil es ihnen schon nach kurzer Zeit so vorkommt, als hätten sie sich »schon seit tausend Jahren gekannt«. Vorherrschend ist ein tiefes Verstehen und ein starkes Gefühl von Zusammengehörigkeit – oft schon sehr bald, nachdem sie sich kennengelernt haben. Das zutiefst Berührende in diesen Beziehungen ist, dass die Partner sich hier gegenseitig ein zentrales Bedürfnis von uns Menschen erfüllen, nämlich im Tiefsten »erkannt« und als solche geliebt und hoch geschätzt zu sein. Damit knüpfen sie entweder an eine grundlegende Erfahrung ihrer Kindheit an, an die Erfahrung der elterlichen Liebe, oder aber sie empfangen jetzt etwas, das sie damals zu wenig oder überhaupt nicht bekommen haben, und sind gerade deshalb so tief berührt davon. Darum hat ihre Liebe oft auch die Beigabe von mütterlich-väterlichen Elementen oder auch einen geschwisterlichen Charakter, weil es wechselseitig um ähn-

liche Erfahrungen geht, als stammten sie sozusagen aus ein und derselben Familie.

Dieses Gefühl tiefer Verbundenheit ist etwas sehr Wertvolles, das über viele Jahre tragen kann. Allerdings entsteht hier im Laufe des Zusammenlebens das im Vergleich zu den »polaren Paaren« gegenteilige Problem: Sie erleben zu wenig Spannung. Neben der gleichsam elterlichen und geschwisterlichen Vertrautheit kann die Ebene Frau – Mann immer mehr verschwinden. Erotik und Leidenschaft verabschieden sich. Es ist nicht so, dass sie sich nicht mehr mögen. Sie sind gute Eltern und ein hervorragendes Arbeitsteam. Sie können alles miteinander besprechen. Aber sexuelle Begegnungen werden immer seltener, oft regelrecht vergessen. Es fällt ihnen gar nicht mehr auf, dass irgendetwas fehlt. Sie vermissen es nicht. Aber sie vermissen es doch! Das wird oft tragisch mit einem Schlag deutlich, weil – wie ein Blitz aus heiterem Himmel – einer der beiden sich in einen Anderen verliebt, in einen Arbeitskollegen oder eine Arbeitskollegin, in jemanden aus dem engeren Freundeskreis und dergleichen.

Was können solche Paare tun? Gut ist es, wenn sie die Gefahrensignale schon früher erkennen. Wenn ein so massives Problem wie eine Außenbeziehung über die Partner hereinbricht, kann es zu spät sein. Was hier erlebt wird, nämlich die Polarität, die Spannung, die Anziehungskraft – diese Seiten wären möglichst schon vor einer solchen Krise in der Beziehung zu betonen und zu pflegen. Aber wie ist das zu bewerkstelligen? Was die beiden dringend brauchen: Sie sollten mehr »Eigenes« pflegen, mehr »Unterschiedlichkeit« in die Beziehung hineinbringen: eigene Hobbys, eigene freundschaftliche Beziehungen, eigene Unternehmungen ohne den Anderen; sie sollten eigene Standpunkte beziehen und in die Auseinandersetzung mit dem Partner einbringen, eigene Bedürfnisse erfüllen und nicht immer nur auf die des Partners achten, und dergleichen mehr. Dies kann mit großen Ängsten verbunden sein, den Anderen zu verlieren, allein dazustehen, die wechselseitige Innigkeit in der Beziehung zu verlieren. Aber häufig ist sie notwendig: die Pflege der individuellen Autonomie, denn dadurch ergeben sich Unterschiede, und die Unterschiede inspirieren auch wieder die Erotik und erhöhen die gegenseitige Attraktivität. Diese Paare müssen also den Aspekt der Verschiedenheit in den Vordergrund rücken. Ihre Verbundenheit ist oft so stark, dass sie um diese keine Angst haben müssen. Das Problem ist vielmehr bei ihnen, dass sie so aneinander zu kleben beginnen, dass das Bedürfnis nach Eigenständigkeit und sexueller Autonomie häufig in einer radikalen Trennung oder Distanzierung zum Ausbruch kommt. Nicht selten trauern sie ihrer inneren Verbundenheit dann ein Leben lang nach, weil sie gerade diese in der neuen Beziehung nicht mehr so tief erleben.

Auf den Punkt gebracht

Die ersten drei Punkte des Folgenden beziehen sich auf die Urteilsbildung am Anfang einer Beziehung (vgl. dazu auch die Antwort auf Frage 1, Seite 11 ff.). Der vierte Punkt fasst das oben Gesagte nochmals kurz zusammen.

1. Vorsicht bei der Partnerwahl scheint mir geboten, wenn in einer Beziehung gleich von Anfang an Gleichheit und Ähnlichkeit sehr stark dominieren und mit diesem Gefühl keine oder kaum eine erotisch-sexuelle Anziehung einhergeht, das heißt wenn zwar das Gefühl der Kameradschaft, des »guten Teams«, der guten Freundschaft dominiert, aber gänzlich ohne erotische Komponente. Natürlich sind Kameradschaft, Freundschaft, »gutes Team« für eine Lebensgemeinschaft sehr wichtig, aber die Gefahr besteht, dass diese nicht hält, wenn die erotische Faszination durch das

»Fremde« dann bei einem außenstehenden Dritten auf-bricht. Hier hat das Sprichwort von den Gegensätzen, die sich anziehen, seine »Teilwahrheit«. Auch in einer Liebesbe-ziehung, in der die Verbundenheit im Gleichen dominiert, sollte die Faszination durch das »Andere«, »Fremde« nicht völlig fehlen.

2. Dasselbe gilt aber auch für das Gegenteilige. Vorsicht ist ebenfalls geboten, wenn in der Beziehung zwar eine sehr starke Faszination, Leidenschaft, ja vielleicht sogar Beses-senheit erlebt wird, aber gleichzeitig das Gefühl von blei-bender Fremdheit nicht überwunden werden kann. Diese Fremdheit kann entweder kulturell bedingt sein – zum Bei-spiel eine europäische Frau mit ihrem muslimischen Part-ner in dessen Heimat – oder durch vollständig verschiedene Lebensorientierungen, unterschiedliche Religionszugehö-rigkeit, völlig unterschiedliche Charaktere. Die Faszination durch das Fremde allein reicht für eine dauerhafte Lebens-gemeinschaft nicht aus. Hier treffen wir auf die »Teilwahr-heit« des anderen Sprichworts vom »Gleichen, das sich gern zu Gleichem gesellt«.

3. Beziehung braucht also möglichst schon von Anfang an oder im Laufe der Zeit deutlich wachsend ein Grundgefühl von Ähnlichkeit, im Sinne von Vertrautheit, Nähe und Zu-sammengehörigkeit. Auf dieser Basis können, ja sollten Unterschiedlichkeiten, auch Gegensätze vorhanden sein. Sie sind das »Salz in der Suppe« der Beziehung, das sie immer wieder schmackhaft macht und erhält. Sind sie zu wenig vorhanden, ist es bedeutsam für den Bestand der Be-ziehung, dass sie durch die individuelle Entwicklung der Partner gestärkt werden.

4. Wo Polarität und Gegensätzlichkeit dominieren, müssen sich die Partner aufeinander zubewegen. Jeder von beiden

sollte die Unterschiedlichkeit des Partners als Herausforderung für die eigene Entwicklung nehmen. Dies kann die Partner einander näherbringen. Wo Ähnlichkeit und Gleichheit dominieren, bedarf es einer unterschiedlichen individuellen Entwicklung der Partner, um die Spannung herzustellen, die Erotik und sexuelle Anziehung in der Regel brauchen, um lebendig zu bleiben oder wieder zu werden.

Muss Sexualität in einer Dauerbeziehung nicht langweilig werden?

Beobachtungen und Überlegungen

Das »muss« in der Frage legt nahe, dass der Fragesteller das Langweiligwerden der Sexualität in einer Dauerbeziehung als einen mehr oder weniger unaufhaltsamen Prozess betrachtet, und dies entspricht nach meiner Erfahrung der Meinung vieler Menschen heute.

Zunächst nur dies: So allgemein stimmt das sicher nicht. Ich lerne immer wieder Paare kennen, die von sich berichten, dass es zu Anfang der Beziehung mit ihrer Sexualität ziemlich schwierig war; dass sie eine längere Annäherungsphase brauchten, um sich aufeinander einzuspielen, und dass es jetzt, nach jahrelanger Beziehung, viel schöner ist als am Anfang. Es gibt außerdem auch Paare, bei denen die Sexualität über all die Jahre ihres Zusammenseins ihre sichere »Bastion« war und geblieben ist, und das bei allen Streitereien, bei allem Stress, bei allen Anfechtungen von außen, die es auch gab: Die Sexualität war immer lebendig, hier verstanden sie sich ohne Wenn und Aber. Solche Fälle gibt es, und ich vermute: in nicht zu geringer Zahl. Sie sind dem »muss« in der Fragestellung, um die es hier geht, entgegenzuhalten: Nein, es besteht keine Zwangsläufigkeit, es gibt auch Gegenbeispiele.

Allerdings ist dem Fragesteller zugutezuhalten: Die Mehrzahl der Paare dürfte erleben, dass die Leidenschaft des Anfangs im Laufe der Zeit abnimmt. Es treibt einen nicht mehr so zum Anderen wie früher. Die Abstände zwischen den sexuellen Begegnungen werden größer, und nicht selten breitet sich auch tatsächlich Langeweile in den Schlafzimmern aus, und zwischen vielen Partnern findet allmählich gar nichts mehr statt. Dennoch ist auch hier zu sagen: Dies ist kein notwendiger Prozess. Schaut man genauer hin, gibt es ganz klar identifizierbare Ursachen, auf die ich als Erstes hinweisen möchte:

1. Die Unterschiedlichkeit der Geschlechter spielt hier eine Rolle. Männer sind in der Regel leichter erregbar und eher bereit für eine »schnelle Nummer«. Frauen brauchen in der Regel – jedenfalls nach der Phase der Verliebtheit – mehr Einbettung in eine sinnenfreudige Atmosphäre. Dazu gehören für sie: die allgemeine Stimmung in der Beziehung, das nicht zu seltene persönliche Gespräch, Zärtlichkeiten zwischendurch, kleine Aufmerksamkeiten und ein schönes Ambiente. Durch die Gewöhnung des Alltags vergessen die Männer oft diese Dinge und werden unachtsam, was bei den Frauen die Lust »abstellt«. Ist bei Frauen außerdem die Lust einmal »eingeschlafen«, verschanzen sie sich oft hinter einem Wall von Voraussetzungen, die der Mann erfüllen müsste, bevor sie bereit wären. Hier wird das Vorspiel zum Vorwand, denn eigentlich steckt anderes dahinter: entweder die erwähnten Unachtsamkeiten oder

2. ungelöste Konflikte, die mit der Sexualität unmittelbar nichts zu tun haben. Einer von beiden oder beide sind mit der aktuellen Lebenssituation unzufrieden, aber sie sprechen nicht darüber. Oder sie tabuisieren Konflikte, schleichen um sie herum, statt sie anzupacken. In der mangelnden Lust meldet sich das Unerledigte »zu Wort«. Beispiele: Ein Mann hat die Frau sehr verletzt, weil er sich in einer heiklen Angelegenheit hinter seine Mutter und nicht hinter seine Ehefrau gestellt hat. Die Frau hat sich deshalb ihm gegenüber verschlossen. Das zeigt sich unter anderem in der Sexualität. Ein anderes Beispiel: Die Frau möchte schon längst wieder in ihren Beruf zurück. Aber weil der Mann in seinem Beruf mit jedem Jahr mehr zu tun hat, kriegt sie die Kurve nicht mehr, aber sie fordert die urspüngliche Abmachung nicht ein. In der sexuellen Unlust kommt ihre Unzufriedenheit zum Vorschein. Oder: Einer der Partner achtet immer weniger auf sich, auf sein Aussehen, auf seine Figur und auf die Hygiene: Er wird immer unattrakativer für den Anderen. Das wird vom Partner nicht deutlich ausgesprochen, in seiner sexuellen Lustlosigkeit aber wird es wirksam. Die Lustlosigkeit in diesen und noch vielen anderen Fällen ist also nicht das »eigentliche« Problem, sondern das »Symptom« für ein Problem, das aber nicht angesprochen, geschweige denn gelöst wird. Man kann dann noch so viele Sex-Bücher lesen – wenn das Paar die dahinterliegenden Probleme nicht angeht, wird es nichts nützen.

3. Es kann aber auch vorkommen, dass überhaupt kein solcher Konflikt zwischen den Partnern steht, dass sie sich innig verbunden fühlen, rücksichtsvoll miteinander umgehen, einander schätzen und achten – und trotzdem ereignet sich sexuell (fast) nichts mehr. Wenn es so ist, muss man fragen, was das für eine Art von »Innigkeit« ist. Nicht selten wird in Paarbeziehungen die Frau so etwas wie die Mutter des Mannes oder der Mann so etwas wie der Vater der Frau. Sicher

schadet es der sexuellen Beziehung nicht, wenn die Paarbeziehung *auch* Züge einer Mutter-Sohn- und einer Vater-Tochter-Beziehung hat. Als Partner dürfen wir uns durchaus vom Anderen auch ein wenig bemuttern oder väterlich versorgen lassen. Wenn dies aber stark in den Vordergrund tritt, wenn Fürsorglichkeit und Verantwortung-Übernehmen für den Partner einerseits und »Sich-Versorgenlassen« vom Partner andererseits, also »Mütterlichkeit/Väterlichkeit«, der dominante Zug des Zusammenlebens der beiden Partner wird, kann die Beziehung sehr innig erlebt werden, und trotzdem erlischt die Sexualität. Warum? Die Frau wird dem »Vater-Mann« gegenüber quasi zum Kind, und der Mann wird zum »Kind« der »Mutter-Frau«. So kommt zwischen Mann und Frau so etwas wie ein »innerfamiliäres Inzest-Tabu« zum Tragen, wie zwischen Mutter und Sohn, Vater und Tochter, und das tötet die Leidenschaft oft gründlich. Die Partner beginnen in einer Art familären Symbiose zu leben, sie stehen sich nicht mehr als erwachsene Frau und erwachsener Mann gegenüber, und dieses Fehlen des männlichen und des weiblichen Gegenübers lässt die sexuelle Lust verschwinden. Das heißt mit anderen Worten: Überall, wo beide Partner nur noch mütterlich-väterlich aufeinander bezogen sind, wo sie kein individuelles Eigenleben als autonome Persönlichkeiten mehr führen, droht generell Lust-Verlust. Wenn einer von beiden – oft sind das die Frauen – nur noch »Funktion für Andere« hat, nur noch für die Anderen da ist, verliert er für den Partner an Attraktivität.

4. Schließlich kann eine weitere Ursache der Klagen über die langweilig gewordene Sexualität auch die sein, dass einer der Partner oder beide Partner eine ganz einseitige Erwartung an die Sexualität haben: Sie soll immer so sein wie in der ersten Verliebtheit. Sexuelles Beisammensein wird gleichgesetzt mit Leidenschaft. Wenn sie nicht mehr so vorhanden ist, wenn es einen nicht mehr so unwiderstehlich

und im Sturm zum Anderen hindrängt, wird sie abgewertet, man lässt es sein und geht anderswo auf die Suche. Hier wird übersehen, dass Sexualität eine zweifache Rolle in unserem Leben spielt: Die eine, die »Sexualität der Leidenschaft«, die am Anfang steht, treibt uns an, einander zu suchen, einander zu erobern und uns aneinander zu binden. Daraus entsteht dann das Gefühl von Zusammengehörigkeit, und die Sexualität beginnt dann eine andere Rolle zu spielen: Sie wird zur »Sexualität der Zugehörigkeit«, weil sie die Verbindung zueinander immer wieder belebt und stärkt und uns wie nichts sonst das Gefühl von Nähe und Intimität vermittelt (vgl. dazu Willi 2002). Diese Art von Sexualität ist anders als die Sexualität der Leidenschaft. Sie ist stiller, zärtlicher, mehr auf den Anderen bezogen. Das schließt Leidenschaftlichkeit nicht aus, stellt sie aber nicht mehr so stark in den Vordergrund. Und vor allem: Diese Sexualität der Zugehörigkeit braucht bewusste Pflege und Gestaltung, sie funktioniert nicht »von selbst«. Dann aber kann sie tief und befriedigend sein, die ganze Person der beiden Partner viel mehr erfüllen als die große Leidenschaft, die einen umwirft, aber unter Umständen auch wieder schnell verraucht.

Es gibt also zahlreiche Ursachen, die Sexualität in einer länger dauernden Beziehung ersterben lassen. Die Antwort auf die eingangs gestellte Frage lautet somit: Sexualität in einer Dauerbeziehung *muss* nicht langweilig werden. Denn die Ursachen der Langeweile liegen nicht in der Dauer der Beziehung an sich, sondern anderswo. Diese Ursachen gilt es herauszufinden und Abhilfe zu schaffen. Was heißt das nun konkret?

Auf den Punkt gebracht

1. Wenn die Sexualität in einer Beziehung »langweilig« und darum immer seltener wird oder ganz erstirbt, sollten die Partner die Situation auf keinen Fall so hinnehmen. Wenn sich beide nicht auch körperlich und sexuell lebendig verbunden fühlen, sondern hier immer mehr auseinanderdriften, wird die Beziehung brüchig. Die Wahrscheinlichkeit, dass einer von beiden dann ausbricht, weil er einen neuen Partner gefunden hat, mit dem es wieder »spannend« ist, wird immer größer.

2. »Es nicht hinnehmen« heißt zunächst einmal, danach fragen, ob nicht andere ungelöste und nicht angegangene Beziehungsthemen dahinterstecken. Ich habe in den ersten drei Punkten des vorigen Abschnitts solche Themen genannt. Sie gilt es offen anzusprechen und sich auf einen Weg zu Lösungen zu machen. Dann wird sich auch die Sexualität wieder verlebendigen.

3. Ganz generell kann man sagen: Lebendige Sexualität zwischen Partnern braucht deren Autonomie. Negativ ausgedrückt: Zu große Abhängigkeit voneinander, Beziehungen wie von Mutter zu Sohn, Vater zu Tochter lassen die erotische Lust ersterben. Zwei Menschen, die in persönlicher Entwicklung bleiben, die ausgeprägte eigene Interessen haben, die eigenständig sind und einander deshalb nie »durch und durch« kennen, sondern interessant füreinander bleiben, weil es beim Anderen immer wieder Neues zu entdecken gibt, erhalten sich die Chance, einander auch in einer Dauerbeziehung immer wieder sexuell zu begegnen.

4. In Dauerbeziehungen besteht die Gefahr, dass Sexualität im Alltag untergeht. Die Kinder, die Berufe, die täglichen Pflichten und Hobbys lassen keine Zeit mehr dafür. Weil

uns die Sexualität nicht mehr mit der Leidenschaft des Anfangs zueinander treibt, wird allmählich alles andere wichtiger. Deshalb gilt: Sexualität in der Dauerbeziehung passiert nicht (mehr) von selbst. Man muss sie wollen. Beide, Mann und Frau, müssen immer wieder bewusst miteinander darauf zugehen (vgl. dazu Clement 2006).

5. »Sexualität wollen« heißt zunächst: nicht dem Zufall überlassen, ob, wann und wo »es stattfindet«. Man muss geschützte Zeiten und Räume dafür verbindlich einplanen.

6. »Sexualität wollen«, das heißt auch: Man lässt sich nicht durch jede Kleinigkeit irritieren und abhalten: Man beseitigt vorhersehbare Störungen, lässt sich aber nicht durch jede kleine Unstimmigkeit mit dem Partner sofort stören, und man lässt sich darauf ein, auch wenn einen die Lust dazu nicht gerade überwältigt – der Appetit kommt manchmal auch erst beim Essen …

7. »Sexualität wollen« heißt schließlich: Man spricht immer wieder darüber, was man in der Sexualität miteinander schön findet, aber auch, was einen vielleicht stört oder welche Wünsche, die man bei sich spürt, bisher nicht erfüllt worden sind oder in letzter Zeit zu kurz kommen, und ist bereit, sich auf das eine oder andere Experiment einzulassen. Das sexuelle Erleben wandelt sich im Laufe der Jahre; auch das, was uns Lust macht, ändert sich. Solche Veränderungen in unseren Wünschen äußern sich oft in spontanen Fantasien, die uns »anfliegen«. Wir sollten sie nicht geheim halten, sondern manchmal auch dem Partner mitteilen. Das kann die gemeinsame Sexualität sehr beleben, auch und gerade weil damit entstandene Tabugrenzen berührt und überschritten werden.

8. Das heißt freilich nicht, dass Sexualität durch Dauergespräche zerredet werden sollte. Wenn wir zufrieden sind,

muss das Sprechen darüber auch gar nicht sein. Auch ein immer gleicher Ablauf *muss* nicht langweilig werden, er kann im Gegenteil das Gefühl von Sicherheit und Geborgenheit vermitteln, das tief befriedigend ist. Warum sollten sie ihn dann nicht beibehalten? Wenn sich allerdings Unzufriedenheit einschleicht, sollte man die Hemmschwelle überwinden und offen mit dem Anderen darüber sprechen.

Das Entscheidende bei all dem scheint mir zu sein: Wenn Sexualität mit dem Partner langweilig zu werden droht, dann kommt es darauf an, dass beide dieses Gefühl nicht einfach hinnehmen wie ein Schicksal und resignieren oder sich suchend nach außen wenden, sondern dass beide sich entschließen, wieder neu, bewusst und miteinander darauf zuzugehen. Dann werden sie herausfinden, woher die Langeweile kam und was zu tun ist, um Abhilfe zu schaffen.

Was kann man tun, damit die Liebe nicht bald wieder verlorengeht und es zu einer bitteren Trennung kommt – wie es heutzutage so häufig geschieht?

Beobachtungen und Überlegungen

Die Scheidungsraten sind hoch. Seit Jahren schon wird hierzulande jede dritte, in Großstädten sogar jede zweite Ehe wieder geschieden, abgesehen von den vielen auf Dauer angelegten Lebensgemeinschaften, die wieder aufgelöst werden und über die es keine statistischen Angaben gibt, weil sie nicht formell als Ehen erfasst werden. Andererseits muss man sagen: In gewisser Hinsicht ist das auch ein Fortschritt. Denn heute wagen viele Menschen den Schritt zur Trennung, wenn sie das Gefühl haben, dass ihnen die Liebe abhanden gekommen ist. Früher durften sie sich gar nicht trennen, auch wenn ihre Ehe die Hölle war und egal, ob Liebe zwischen ihnen war oder nicht: Die wirtschaftliche Situation, die weltanschaulichen Normen, der gesellschaftliche Druck verhinderten schlicht und einfach eine Trennung, ja, schon der Gedanke daran musste als aussichtslos verworfen werden. Vor allem die Frauen hatten keinerlei Möglichkeit, auszusteigen, was immer auch ihre Männer sich ihnen gegenüber erlaubten. Heute ist das anders: Das Einzige, was eine Paarbeziehung auf Dauer zusammenhält, ist die Qualität der Beziehung. Wenn das Paar oder einer der Partner keine Liebe mehr empfindet, fängt man an, über einen »Ausstieg« nachzudenken. Es kommt also heute ganz entscheidend auf die Liebe an: ob sie noch vorhanden ist oder nicht.

Was aber ist hier mit »Liebe« gemeint? Das zu klären ist eine wichtige Voraussetzung für eine Antwort auf die Anfangsfrage. Wer sie stellt, meint wahrscheinlich nicht nur Erotik und Sexualität. Zu einer lebendigen Liebe in der Partnerschaft gehört ja auch noch anderes, zum Beispiel Solidarität, Kooperation, gemeinsames Engagement für Familie, Kinder, Haushalt und alle anderen Formen des täglichen »Miteinanders«.

Aber all das kann vorhanden sein, ja sogar gut funktionieren und trotzdem haben die Partner das fatale Gefühl, dass ihnen die Liebe verlorengegangen ist. Kommt es also doch letztlich vor allem darauf an, dass Erotik und Sexualität lebendig bleiben? Sicher gehört beides dazu. Aber worum es in unserer Frage geht, ist bei weitem umfassender. Es ist jedenfalls mehr und etwas anderes als bloße sexuelle Attraktivität. Denn die Leidenschaft zwischen zwei Menschen kann groß sein und trotzdem bleiben sie einander innerlich fremd. Aber wichtig ist auch nicht nur die Verbundenheit der Partner über ein Drittes: über gemeinsame Aufgaben, über die Kinder, das gemeinsame Hauswesen, vielleicht die gemeinsame Firma und Ähnliches. Dieses Gefühl der Verbundenheit kann stark sein und trotzdem geschieht es, dass die Partner sich trennen, weil ihnen eben »die Liebe verlorengegangen ist«.

Was ist das also, diese Liebe? Vielleicht kann man sagen: Es ist das tiefe Gefühl der Verbundenheit als Mann und als

Frau, das sowohl über die sexuelle Attraktivität als auch über die Verbundenheit durch ein Drittes hinausgeht. Dabei ist mit »Gefühl« hier nicht nur ein Affekt gemeint, denn Affekte sind von Stimmungen abhängig. Sie kommen und gehen. Es handelt sich vielmehr um ein tiefes Grundgefühl, eine innere Haltung: Du bist mein Mann, ich bin deine Frau – ich bin deine Frau, du bist mein Mann! Wir sind ein Paar! Wir gehören zusammen und darum wollen wir das Leben miteinander teilen. In diesem Sinn verstehe ich im Zusammenhang unserer Frage das Wort »Liebe«.

Im Trott und im Trubel des Alltags kann diese innere Verbundenheit allerdings leicht verlorengehen, und damit taucht die Gefahr der Trennung auf. Die Gründe liegen auf der Hand: Sobald man sich entscheidet, das Leben miteinander zu teilen, hört man auf, »nur« ein Liebespaar zu sein. Andere »Paar-Formen« kommen hinzu: Man wird auch noch ein »Arbeitsteam«, wenn man zum Beispiel ein Haus baut oder eine Wohnung renoviert. Man wird ein Elternpaar, sobald sich das erste Kind ankündigt. Man ist darüber hinaus vielleicht noch ein »Pflegeteam« für die alten Eltern, oder der Mann ist auch der Chef seiner Frau, wenn beide eine Firma haben, die er leitet und für die sie die Buchhaltung macht.

Wenn sie das alles sind und miteinander leben, können sie das als Ausdruck und »Spielfeld« ihrer Liebe erleben, aber es besteht dadurch auch die Gefahr, dass das Ursprüngliche in den Hintergrund gerät, dass sie sich als Liebespaar aus den Augen verlieren. Vor allem in der Hektik des Alltagslebens, wenn beide Partner beruflich engagiert sind, und vor allem, wenn dann die Sorge für die Kinder trotzdem in erster Linie Sache der Frau bleibt, während der Mann ganz und gar in seinem Beruf aufgeht, können für den Zusammenhalt des Paares »zentrifugale Kräfte« entstehen, die es auseinanderziehen oder gar die Verbindung zwischen ihnen ganz abreißen lassen.

Obwohl das so ist und auch jeder sofort einsieht und versteht, dass es so geschieht, ist hinsichtlich der Partnerliebe eine »Irrlehre« weit verbreitet: Trotz alledem sollte diese Liebe gleichsam »von selbst« in der Intensität der ersten Verliebtheitsphase des Anfangs bestehen bleiben. Wenn das nicht so ist, wird es wie ein Schicksal genommen und man steht dem hilflos gegenüber. Man fügt sich dann entweder in sein »Schicksal« oder macht sich heimlich auf die Suche nach neuer Anfangs-Liebes-Intensität im »Außen«, und wenn man sie dann erlebt, gibt es scheinbar keinen anderen Ausweg mehr als die Trennung.

Dieser Prozess vollzieht sich heutzutage häufig, zweifellos. Ist es aber ein notwendiger Prozess? Nein, der Verlust der Intensität der Partnerliebe des Anfangs ist keineswegs ein unabwendbares Schicksal! Denn man kann immer wieder festellen: Dieser Prozess des Abflachens und Verlierens hat etwas mit dem Mangel an Achtsamkeit der Partner füreinander und für ihre Liebe zu tun. Oder positiv ausgedrückt: Man muss gegen die zentrifugalen Kräfte des Alltags und über die anderen Formen der Paarbeziehung hinaus, die man ebenfalls miteinander zu leben hat – als Arbeitsteam, als Elternpaar, vielleicht auch Geschäftspartner –, die Ebene des Liebes-Paares, also die Liebesbeziehung, selbst bewusst pflegen und betonen. Dann muss die Liebe nicht verlorengehen, sondern kann sich im Gegenteil sehr vertiefen, und sehr vieles im Alltag, was sonst die Liebe stört, kann sich dadurch auch in eine Bereicherung der Paarliebe verwandeln.

Aber wie geht das: die Liebesbeziehung bewusst pflegen und betonen? Haben wir Einfluss auf diese »Himmelsmacht Liebe«? Ich sage aus vielen Jahren Erfahrung dazu ein entschiedens Ja! Was das im Einzelnen heißt, dazu im Folgenden einige Gedanken.

Auf den Punkt gebracht

1. Die Partnerliebe ist nicht nur erotisch-sexuelle Liebe, sie geht weit darüber hinaus. Sie ist auch nicht nur die Verbundenheit in der Lebensgemeinschaft des Paares als Arbeitsteam und Elternpaar. Sie ist die tiefe Verbundenheit zwischen Mann und Frau, die sich in ihrer Person gegenseitig zutiefst bejahen. Das betrifft natürlich nicht jede Einzelheit am Anderen, da ist auch Auseinandersetzung und wechselseitige Anpassung nötig, jedoch betrifft es die beiden in ihrem Person-Kern. Diese Verbundenheit ist das tragende Grundgefühl einer Liebesbeziehung, das, wenn vorhanden, auch in heftigen Krisen und Auseinandersetzungen durchhalten kann. Sie kann aber auch »zugeschüttet« werden durch die vielen Anforderungen des Alltags, und sie kann zerstört werden durch Verletzungen und ständige kränkende Auseinandersetzungen. Darum ist es nötig, sich im Alltag immer wieder der ausdrücklichen Pflege dieser Ebene der Partnerliebe zu widmen.

2. Das heißt: Die Partnerliebe braucht, um zu bleiben und zu gedeihen, geschützte Räume und Zeiten. Man braucht für sie »Inseln im Alltag«, um sich dessen Sog und Strömung immer wieder zu entziehen. Solche »Inseln« entstehen oder ergeben sich nicht oder nur sehr selten »von selbst«. Die unmittelbar andrängenden Angelegenheiten und Verpflichtungen des Alltags drohen sie immer wieder zu überspülen und die Partnerliebe mit sich zu reißen.

3. Was heißt das nun ganz konkret: solche Inseln der Partnerliebe zu schaffen und zu gestalten? Die Räume und Zeiten dafür müssen eingeplant und verpflichtend festgelegt werden: An einem bestimmten Tag bleibt die Zeit von … bis … für uns frei! Oder auch: Dieses Wochenende nehmen wir für uns! Oder: Dieser Teil der Ferien bleibt frei für uns

als Paar! Vielleicht werden solche Zeiten sogar im Termin-kalender eingetragen, weil sonst die Gefahr besteht, dass sie doch wieder untergehen und mit scheinbar »wichtige-ren« Sachen ausgefüllt werden.

Die Partner sind in solchen Zeiten als Paar für sich. Es muss sichergestellt sein, dass kein Telefon, keine Handy, kein Besuch und auch nicht die Kinder oder sonst jemand dazwischenkommt. Bei Kindern, wenn sie noch kleiner sind, heißt das unter Umständen und jedenfalls zu bestimm-ten Gelegenheiten: Für sie muss eine Betreuung organisiert sein. Wer meint, den Kindern dadurch etwas Schlimmes an-zutun, wenn man sie so »allein« lässt, soll sich bewusstma-chen: Am schönsten ist es für die Kinder, wenn die Eltern ein Liebespaar bleiben. Denn dies garantiert nicht nur die Stabilität der Familie, sondern auch deren hohe Qualität.

In solchen Räumen für die Paarbeziehung soll das mög-lich werden, was man »Begegnung« nennt, also keine Pla-nungsgespräche, kein »Organisationsmeeting«, keine Kri-tikgespräche, keine Streitereien. Eine gute Möglichkeit ist, einander mitzuteilen: »Das hat mich in der vergangenen Woche bewegt und berührt – ich teile dir das mit«. Der An-dere hört aufmerksam zu, fragt nach, um das Gesagte voll-ständig zu erfassen, kritisiert aber nicht und bezieht nicht »Stellung dagegen«. Wenn der eine fertig ist mit seinem Bericht, kommt der Andere in derselben Weise an die Reihe. Damit kann man erreichen, dass sich die Herzen wieder berühren.

Manchmal fühlen sich die Partner auch zu ausgelaugt, um sofort in eine solche Art Begegnung einzusteigen. Dann kann auch ein »Drittes« hilfreich sein, allerdings eines, das geeignet ist, die Partner in die erwünschte Begegnung zu geleiten. Man kann gemeinsam ins Kino gehen und danach in der Kneipe darüber reden, was der Film in einem bewegt hat. Man kann – so man die Fähigkeiten dazu hat – mit-einander musizieren oder miteinander Musik hören. Man kann sich gegenseitig ein Buch vorlesen und sich immer wieder darüber austauschen oder auch ein gemeinsames Hobby pflegen, wenn es nicht in Aktionismus und unerfreuliche Konkurrenz ausartet, und dergleichen mehr.

Bei all dem ist hilfreich, diese Unternehmungen zu einer Art »Ritual« zu machen, zum gemeinsamen Paar-Ritual. Damit meine ich nichts Zeremonielles, Feierliches, sondern Handlungen, die sich an einem bestimmten Tag zu einer bestimmten Zeit in etwa ähnlichem Rahmen immer wieder wiederholen. Also zum Beispiel: Am ersten Freitag im Monat gehen wir um 20 Uhr in dieses Lokal, haben dort immer denselben Tisch bestellt, der Kellner kennt uns schon, und wenn wir kommen, serviert er – schon »von sich aus« – den gewünschten Prosecco zum Aperitif. Damit entsteht ein Rahmen, der nicht immer wieder neu geschaffen und geplant werden muss. Er ist sozusagen »schon vorhanden«, wir müssen ihn nur noch mit unserer Präsenz und unserer Achtsamkeit füreinander ausfüllen. Solche »Rituale« scheinen mir für den Lebenserhalt der Paarbeziehung in der heutigen Zeit sehr wichtig: Denn immer seltener gibt es dafür kollektiv vorgesehene Räume und Zeiten wie Feierabend, Wochenende, religiöse Feste und dergleichen, und man muss sich solche Räume der Muße, des Feierns und der Begegnung selbst schaffen; indem man sie durch eine vorgesehene Abfolge »ritualisiert«, sorgt man dafür, dass sie nicht wieder im Strudel der Alltagsansprüche untergehen.

Selbstverständlich gehört in diese Reihe auch die erotisch-sexuelle Begegnung. Wir haben darüber bei der vorigen Frage (Seite 66 ff.) gesprochen. Auch sie braucht in einer als Lebensgemeinschaft gelebten Paarbeziehung diese geschützten, eingeplanten Räume und Zeiten, was natürlich keineswegs ausschließt, dass dergleichen auch spontan und ohne besondere Vorbereitung geschehen kann. Aber verlassen sollte man sich nicht darauf. Denn dann besteht die Gefahr, dass die Sexualität auf die Dauer einschläft und damit die Partnerliebe eines wichtigen Elements verlustig geht.

4. Natürlich können auch gemeinsame Kinder die Haltbarkeit einer Beziehung stärken. Sie sind ja die »Frucht« der Liebe der Partner und können sie deshalb auch sehr bereichern, allerdings unter einer Voraussetzung: dass die Partner nicht in ihrer Elternrolle aufgehen und füreinander »nur noch« Vater und Mutter der gemeinsamen Kinder sind. Dann wird die Elternschaft – wie schon erwähnt – eher ein beeinträchtigendes Element für die Partnerliebe. Wenn sie aber auch ihre Paar-Liebe bewusst pflegen, werden Kinder zu einer zusätzlichen Bereicherung zwischen Mann und Frau. Kinder können der Partnerliebe auch deshalb zugutekommen, weil die Paare nicht selten ihretwegen und für den Erhalt der Familie alles daransetzen, ihre Beziehungskrisen zu überwinden und dadurch ihre Liebe wieder zu erneuern. Hier wenden sich die Partner ihrer Beziehung zu, um den Kindern eine Trennung zu ersparen, und das ist etwas ganz anderes, als »wegen« der Kinder lediglich zusammen auszuharren, ohne sich den Problemen der Paarebene zu widmen und alles daranzusetzen, sie zu lösen. Dies kommt allerdings dann niemandem zugute, weder den Erwachsenen noch den Kindern.

5. Alles, was ich hier vorgebracht habe, schließt natürlich keineswegs aus, dass es in einer Beziehung trotzdem zu ernsthaften Krisen kommt. Krisen werden durch kritische Lebensereignisse, wie zum Beispiel einen erzwungenen Umzug in eine ungeliebte Umgebung oder die Erkrankung eines Kindes und dergleichen, oder durch kritische Lebensübergänge, wie zum Beispiel den Übergang vom Beruf in den Ruhestand, ausgelöst, weil das Paar ganz neue Situationen bewältigen muss, auf die es bisher nicht eingestellt war. Aber wenn diese Grund-Liebe, von der wir gesprochen

haben, immer wieder gepflegt wird, oder einfacher ausgedrückt, wenn das Paar sich kontinuierlich um seine Paarbeziehung gekümmert hat, werden kritische Lebenssituationen, die eintreten, meist weniger als schlimm und bedrohlich erlebt; außerdem ist dann eine gute Grundlage geschaffen, die entstandene Krise zu bewältigen, weil das Paar sich davon nicht so leicht »auseinanderdividieren« lässt, vielmehr die Partner miteinander verbunden bleiben und sich wechselseitig bei der Krisenbewältigung kräftig unterstützen.

6. Allerdings können Trennungen trotz allem bisher Gesagten unvermeidlich sein. Es kommt vor, dass sich die Partner im Laufe ihres Zusammenseins so weit auseinanderentwickelt haben, dass sie trotz allen Bemühens keinen Weg mehr zueinander und miteinander finden. Es kann auch sein, dass sie sich anfangs schlicht im Anderen getäuscht und einander für etwas gehalten haben, das sie einfach nicht sind. Es kann schließlich auch sein, dass in einer Beziehung einseitige oder wechselseitige Verletzungen passiert sind, die die Liebe nicht nur wie Asche die Glut überdecken, sondern sie erstickt haben. Trennungen müssen also keineswegs immer ein Unglück sein. Manchmal sind sie nötig und auch der Ausweg, der gegangen werden muss, damit das Leben danach für alle Beteiligten – auch für die Kinder – wieder leichter und glücklicher wird und niemand seelischen und körperlichen Schaden erleidet.

Miteinander streiten: Belebt oder zerstört das die Liebe?

Beobachtungen und Überlegungen

Die Antwort lautet natürlich salomonisch: Das kommt drauf an! Und genauer: Es kommt vor allem drauf an, *wie* man miteinander streitet. Was das bedeutet, möchte ich im Folgenden etwas weiter ausführen. Grundsätzlich gilt: Zwei Menschen, die vorhaben, sich für ein gemeinsames Leben zusammenzutun, kommen aus verschiedenen Welten. Auch wenn die äußeren Unterschiede nicht so krass sind wie beispielsweise bei Paaren verschiedener Nationalität und sogar, wenn die Partner aus demselben sozialen Milieu stammen, zum Beispiel aus der akademisch gebildeten Mittelschicht, können sich ihre Familien stark voneinander unterscheiden. Die Partner haben durch ihre Erziehung in diesen Familien verschiedene Anschauungen, Lebensgewohnheiten und Herangehensweisen an die Probleme des Lebens mitbekommen. Somit muss jedes Paar aus den zwei verschiedenen Welten seiner Herkunft erst eine gemeinsame eigene Welt schaffen, in der sich beide Partner zu Hause fühlen können. Das heißt natürlich nicht Gleichheit in allen Einzelheiten, aber doch Einvernehmen in vielen wichtigen Angelegenheiten, die sie »von Haus aus« verschieden anzugehen gewohnt waren. In diesem Prozess der Angleichung aneinander und der Schaffung eines gemeinsamen Neuen kann es gar nicht ausbleiben, dass sie in Konflikt miteinander geraten. Aber auch, wenn diese erste Aufgabe des neuen Paares, die Schaffung der »gemeinsamen Welt«, gut gelungen ist, bringt es der Alltag des gemeinsamen Lebens mit sich, dass die individuelle Unterschiedlichkeit der beiden Persönlichkeiten in den verschiedenen, manchmal ganz unvorhersehbaren Situationen, in die das Paar gerät, immer wieder des Ausgleichs und der wechselseitigen Abstimmung bedarf. Auch dadurch entstehen notwendigerweise kleinere und größere Konflikte, die unvermeidlich sind und noch keineswegs besagen, dass mit der Beziehung irgendetwas nicht stimmt.

Konflikte können also nicht vermieden werden. Aber es macht einen großen Unterschied, wie sie ausgetragen werden. Dabei kann man auch bei der Form nicht von vornherein sagen, was einer Beziehung schadet und was nicht. Denn unterschiedliche Paare haben hier sehr unterschiedliche Stile. Bei den einen geht es schnell recht laut zu und »es fliegen die Fetzen«, aber kurz darauf vertragen sie sich wieder, die anderen diskutieren sehr sachlich und eher emotionslos, brauchen aber sehr lange, bis alles erwogen ist, und bei den Dritten gibt es eine sehr große Bereitschaft, einander so weit wie möglich entgegenzukommen, wodurch es insgesamt sehr friedlich zugeht und man schnell zu Entscheidungen kommt, ohne dass dabei viel »unter den Teppich gekehrt« würde. Man kann nicht pauschal behaupten, das eine sei gut, das andere schlecht. Wenn sich die Paare mit ihrem Stil wohlfühlen und in der Sache, um die es bei der Auseinandersetzung geht, vorankommen, warum sollten sie es dann anders machen?

Streit in der Beziehung bedeutet immer: Wir haben verschiedene Standpunkte und bemühen uns, diese so weit einander anzunähern, dass ein weiterer gemeinsamer Weg möglich wird. In diesem Sinn ist Streit eine unbedingte Notwendigkeit in jeder Beziehung, denn immer wieder wird es in wichtigen oder auch weniger wichtigen Fragen verschiedene Standpunkte geben. Ob dieser Streit temperamentvoll und mit lauten Worten ausgetragen wird oder rational und mit wenig oder gar keiner Aggression, darauf kommt es nicht an.

Ob Streit die Beziehung belebt oder ihr schadet, das hängt von anderen Dingen ab – und damit nähern wir uns einer Antwort an. Zum einen ist ein wichtiges Indiz, wie Streitigkeiten enden. Wenn es am Ende immer einen Sieger und einen Verlierer gibt, entweder so, dass einmal der eine, dann wieder der Andere gewinnt, oder – und vor allem – so, dass immer der eine gewinnt und der Andere verliert, dann wird es destruktiv für die Beziehung. Liebe verträgt sich nicht mit Sieg und Niederlage. Streit, der damit endet, zerstört sie, und zwar nicht nur dann, wenn immer einer gewinnt und der Andere verliert, sondern auch dann, wenn Sieg und Niederlage annähernd gleichmäßig auf beide verteilt sind. Die Ausgeglichenheit, die dadurch entsteht, ist zwar von Vorteil, aber Niederlagen schlagen Wunden, und diese lassen die Liebe allmählich ersterben, auch wenn es auf der Ebene der bloßen »Gerechtigkeit« durch den darauf folgenden »Sieg« wieder einen Ausgleich gibt.

Zum andern – und das ist fast immer mit dem eben Gesagten verbunden – schadet Streit, ob laut oder leise geführt, ob zurückhaltend oder massiv, bei dem es immer wieder zu einseitigen oder wechselseitigen Abwertungen kommt. Laut John Gottman (Gottman & Silver 2000) sind es vor allem vier Kommunikationsmuster, in denen dies passiert: Kritik an der Person (»Du *bist* unpünktlich«), Defensivität (»Ist doch noch Zeit genug!«), Verächtlichmachung (»Du bist ein Schlamper!«) und Abbruch der Kommunikation (»So red ich nicht mehr mit dir!«). Natürlich wird die Liebe nicht zerstört, wenn diese Muster unter Partnern hie und da vorkommen. Aber das Fatale ist: Sie haben die Eigenschaft, sich gegenseitig »anzuziehen« und dann einander negativ zu verstärken: Kritik an der Person fordert Defensivität heraus, Defensivität provoziert beim Anderen eine Steigerung der Kritik und Verächtlichmachung, und wenn dies einige Zeit so weitergeht, bricht einer die Kommunikation ab, weil er keinen anderen Ausweg mehr sieht. Damit ist aber für die nächste Auseinandersetzung schon eine schlechte Startbedingung gegeben, und so dreht sich die Spirale immer mehr ins Negative, und dies kann dann tatsächlich eine Gefahr für die Liebesgrundlage der Beziehung werden.

Zusammengefasst heißt dies also: Streit, der mit Sieg und/oder Niederlage endet, und Streit, in dem die Partner einander abwerten, beleben die Beziehung nicht, sondern schaden ihr. Nicht jeder Streit belebt also, und es entscheidet sich auch nicht an der Heftigkeit oder Lautstärke, ob er konstruktiv ist oder destruktiv wird. Denn auch in einer äußerlich sehr ruhigen und »rationalen« Auseinandersetzung kann ich den Anderen subtil abwerten und verächtlich machen, und umgekehrt kann auch ein heftiger Streit die Würde des Anderen wahren, nämlich dann, wenn ich nicht darauf aus bin, dem anderen eine Niederlage zu verpassen, sondern wenn es mir um die Sache und ums gemeinsame Vorankommen geht. Von einem solchen Streit vor allem kann man sagen, dass er eine Beziehung auch beleben kann, weil Emotionen freigesetzt werden, die das Zusammenleben bunter und abwechslungsreicher machen. Dabei muss aber immer gesagt werden: Daraus kann man keine allgemeine Regel ableiten, weil unterschiedliche Partner unterschiedliche Auseinandersetzungsstile bevorzugen und eine heftige Auseinandersetzung »an sich« keineswegs besser oder schlechter ist als eine stillere und emotionslosere.

Aber, so höre ich manche Leserinnen und Leser sagen, wenn Streit emotional, also mit Aggressionen geführt wird, muss es dann nicht notwendigerweise zu Abwertung, Defensivität und Verächtlichmachung des Anderen kommen und mit Sieg oder Niederlage enden? Die Antwort lautet: In der Hitze des Gefechts kann es leicht, es muss aber nicht notwendigerweise passieren. Aggression ist nämlich ursprünglich keine Emotion »gegen den Anderen«. Das lateinische Wort »aggredi«, von dem der Begriff »Aggression« abgeleitet ist, bedeutet nämlich nicht »gegen jemanden gehen«, sondern »auf jemanden oder etwas zugehen«. Das wütende Schreien eines Babys ist nicht feindselig, sondern will aufmerksam machen: »Ich bin da und ich will, dass ihr euch um mich kümmert«. Aggression ist im Ursprung Selbstbehauptung, und dazu muss ich den Anderen nicht abwerten und mich über ihn stellen, sondern ich vertrete mich selbst, damit du auf mich aufmerksam wirst, damit du auf mich hörst, damit du meine Argumente ernst nimmst. Darin liegt keine Feindseligkeit und keine Abwertung des Anderen (vgl. Jellouschek 2009, S. 70 ff.). Dazu kommt es erst, wenn ich mir meiner nicht sicher bin und das Bedürfnis habe, den Anderen kleiner zu machen, um größer zu sein als er. Das aber verleitet diesen leicht, es genauso zu machen, und mich noch mehr abzuwerten, damit er nicht untergeht, und schon sind wir in einem destruktiven Streit, der mit Sieg und Niederlage endet und die Beziehung keineswegs belebt, sondern ihr schadet.

Je besser die Partner imstande sind oder es im Zusammensein lernen, ihre Agression von Feindseligkeit zu »reinigen«, je deutlicher sie diese zum »Selbstausdruck« ihrer Person und ihrer Bedürfnisse einsetzen, desto eher werden ihre Auseinandersetzungen die Beziehung beleben. Je mehr sich ihre Aggression mit Feindseligkeit gegen den Anderen mischt, desto mehr werden sie den Anderen abwerten, desto mehr wird es um Sieg oder Niederlage gehen und desto mehr werden sie dadurch ihrer Beziehung schaden.

Auf den Punkt gebracht

1. Wenn es in einer Beziehung bei Konfliktlösungen sehr rational zugeht, wenn wenig oder gar nicht gestritten wird in dem Sinn, dass es laut zugeht oder »die Fetzen fliegen«, muss das noch keineswegs eine langweilige Beziehung sein oder gar eine destruktive, in der die Partner Wichtiges verdrängen oder unter den Teppich kehren. Paare haben bei der Lösung von Problemen unterschiedliche Stile, die sie bevorzugen, und hier gibt es nicht von vornherein ein »Besser« oder »Schlechter«.

2. Ob Auseinandersetzungen, seien es »laute« oder »stille«, für die Beziehung konstruktiv oder destruktiv werden, entscheidet sich daran, ob es den Partnern um die »Sache«, um die Lösung des Problems zu tun ist oder um Sieg oder Niederlage. Wenn es ihnen um Sieg oder Niederlage geht, machen sie den Anderen klein, werten ihn ab. Dann gibt es die typischen Streit-Eskalationen wechselseitiger Abwertung. Diese können die Liebesgrundlage einer Beziehung im Laufe der Zeit gründlich zerstören.

3. Wie aber schafft man es, mit dem Anderen zu streiten, auch heftig und mit Aggression, ohne ihn abzuwerten und zum Verlierer zu machen? Als Erstes ist dazu zu sagen: indem ich mich um eine »saubere Kommunikation« bemühe. Für diese gibt es zwei Grundregeln: Wenn ich etwas sage, sage ich möglichst selten »Du bist ...«, sondern bleibe bei mir und meinen Gefühlen und beziehe mich nicht auf die

Person des Anderen, sondern auf sein Handeln in dieser Situation, also zum Beispiel: »Ich ärgere mich, dass du jetzt zu spät kommst« (»Ich-Botschaft«), statt: »Du bist schon wieder zu spät!« (»Du-Botschaft«). Der Andere fühlt sich dadurch zwar vielleicht kritisiert, aber nicht in seiner Person abgewertet. Die zweite Grundregel lautet: Wenn der Partner etwas sagt, schieße ich nicht sofort dagegen, sondern vergewissere mich zuerst, ob ich ihn richtig verstanden habe, etwa in der Art: »Du meinst das und das. Habe ich dich da richtig verstanden?« (»Aktives Zuhören« statt sofortiges »Dagegengehen«). Das verlangsamt das Hin und Her, vermeidet Missverständnisse und transportiert auch den Ausdruck von Achtung für die Äußerung und die Person des Anderen. Gerade wenn es um heikle Themen geht, bei denen ich sehr schnell geneigt bin, in Verteidigungshaltung zu gehen und »zurückzuschlagen«, ist diese Methode sehr zu empfehlen.

4. Realistischerweise müssen wir aber sagen: Auch wenn Partner sich bemühen, diese beiden äußerst wichtigen und konstruktiven Kommunikationsregeln zu befolgen, werden sie in der Hitze der Alltagsgefechte immer wieder auch in die geschilderten abwertenden Sieg-und-Niederlage-Abläufe hineingeraten und sich gegenseitig abwerten und niedermachen. John Gottman rät deshalb – und das ist der zweite wichtige Hinweis: Abgesehen von den genannten Kommunikationsregeln ist es hilfreich, in Zeiten außerhalb aktueller Auseinandersetzungen darauf zu achten, immer wieder auch die positiven Seiten in der Beziehung zu betonen: dass wir uns gegenseitig immer wieder ausdrücklich anerkennen, einander loben und auf das, was uns an der Person oder dem Handeln der oder des Anderen gefällt, immer wieder positive Resonanz geben. Dieser positive Austausch »nährt« die Beziehung und lässt sozusagen ein »Polster« entstehen, das auch negativen Austausch immer wieder abfedert und das Entstehen der Negativ-Spirale verhindert.

Außer der geschilderten »Reinigung« unserer Kommunikation durch »Ich-Botschaften« und »aktives Zuhören« ist also auch diese positive Gegenstrategie von großer Bedeutung.

5. Nun höre ich einige Leser und Leserinnen sagen: Ja, und wo bleibt da noch die Spontaneität? Wir wollen doch auch mal unsere negativen Gefühle ohne Filter einfach loswerden, ob in Ich- oder Du-Botschaften ... Und wenn ich auf den Anderen wütend bin, kann ich ihm doch nicht »Honig ums Maul schmieren ...« Dazu ist zu sagen: »Spontan« den Anderen zu verletzen und abzuwerten kann kein Ziel in der Beziehung sein. Es passiert, natürlich, aber es ist meine Aufgabe als Partner, die Achtung vor dem Anderen zu bewahren und zu lernen, meine Reaktionen so weit in den Griff zu bekommen, dass ich diese Achtung nie vergesse, ganz gleich, wie meine Gefühle gegenüber dem Anderen gerade »spontan« sind. Deshalb gilt – mit den Worten meiner Kollegin Rosmarie Welter-Enderlin: »Schlechte Gefühle sind kein Grund für schlechtes Benehmen!«

Kann Fremdgehen eine langweilig gewordene Beziehung nicht sehr beleben?

Beobachtungen und Überlegungen

Die Antwort, die ich zunächst auf diese Frage gebe, mag manche Leser überraschen. Sie lautet: Ja, das kann sein. Ja, ich habe es schon des Öfteren erlebt, dass die Auseinandersetzung eines Paares um eine Affäre dazu geführt hat, dass die Beziehung lebendiger wurde und sich von Grund auf erneuerte (Jellouschek 2006 a). Allerdings würde ich nie jemandem den Rat geben, das Fremdgehen in einer langweilig gewordenen Beziehung als »Heilmittel« zu wählen und anzuwenden. Warum? Das Mittel ist in hohem Maße riskant und hat gefährliche »Nebenwirkungen«.

Erstens weiß der Fremdgeher nie, was mit ihm passiert, wenn er sich auf eine Affäre einlässt. Es kann sein, dass er damit in eine Bindung hineingerät, aus der er nicht mehr herauskommt und die dazu führt, dass er/sie sich vom Partner trennt und damit unnötigerweise etwas zerstört, das nicht hätte zerstört werden müssen, zum Beispiel und vor allem eine Familie, in der die Kinder hätten gut aufwachsen können und die man ihnen nun weggenommen hat.

Zweitens weiß der Fremdgeher nie, was mit seinem Partner passiert, wenn er von der Affäre erfährt. In aller Regel erlebt er eine tiefe Verletzung. Sie kann so tief sein, dass seine Liebe erlischt und dass es ihm nicht mehr möglich ist, die Beziehung fortzusetzen, auch wenn der »Fremdgeher« das noch so sehr wünscht.

Und drittens gilt das Gesagte auch wechselseitig. Manchmal wollen Paare ja eine langweilig gewordene Beziehung dadurch auffrischen, dass sie sich gegenseitig Außenbeziehungen erlauben und diese auch eingehen. Obwohl sie auf der bewussten Ebene dazu Ja gesagt haben, erleben sie dennoch, dass das Fremdgehen des Anderen in einer tieferen Schicht ihres Herzens doch als eine schlimme Verletzung der Intimität erlebt wird, die sich im Laufe der Jahre trotz aller »Langeweile« entwickelt hat. An die Stelle der angestrebten »Verlebendigung« tritt dann Entfremdung, und oft ist das der Anfang vom Ende, weil die Partner im weiteren Verlauf nicht mehr zusammenfinden.

Es ist also ein höchst risikoreicher Weg, eine langweilig gewordene Beziehung über Fremdgehen wiederbeleben zu wollen. Zu demselben Zweck gibt es übrigens weniger risikoreiche Wege. Ob die Sexualität in einer Beziehung lebendig bleibt oder langweilig wird oder ganz erstirbt, hängt nicht an der Sexualität allein, sondern an der Art und Weise, wie ein Paar zusammenlebt (vgl. dazu die Antwort auf Frage 6, S. 61 ff.). In vielen Beziehungen erstirbt sie deshalb, weil das Paar in einer Art zusammenlebt, dass jedem die Lust dabei vergehen muss: Es gibt keine Muße mehr, keine gemeinsame Freude, der wechselseitige Kontakt auf einer persönlicheren Ebene – jenseits der Gespräche über die Organisation des nächsten Tages – ist erstorben, es wird nur noch gearbeitet und es werden nur noch Pflichten erfüllt. Wie soll es dann im Bett noch interessant bleiben? Viele Paare haben ihren Tag so mit ihren Pflichten ausgefüllt, dass sie abends nur noch ins Bett sinken und sofort einschlafen. Und wenn sie einmal Zeit haben sollten, können sie nichts mehr damit anfangen und bleiben vor dem Fernseher hängen. Und je länger sie nicht mehr miteinander geschlafen haben, desto mehr wird das Thema auch noch zu einem Tabu, das sie zusätzlich daran hindert, wieder aufeinander zuzugehen. Wie soll da die Sexualität lebendig bleiben?

Das heißt aber mit anderen Worten: Das Heilmittel gegen die Langeweile bestünde in erster Linie darin, etwas dafür zu tun, dass man einander wieder lebendig als Paar begegnet, als Mann und als Frau, die sie einmal waren und als die sie sich ineinander verliebten; dass man also aufhört, nur noch miteinander zu funktionieren, sondern anfängt, sich miteinander wieder Lust und Muße im weitesten Sinn zu gönnen; dass man wieder Zeiten für sich als Paar reserviert, in denen man zusammen schöne Dinge unternimmt; dass man die Hemmung überwindet und wieder aufeinander zugeht, wieder etwas ausprobiert, die Sache im Gespräch wieder zum Thema macht. Auch könnte man zusätzlich noch einen Experten, einen Berater oder Therapeuten, in Anspruch nehmen, mit dessen Hilfe man die Beziehung insgesamt wieder einer »Renovierung« unterzieht. Alles das wäre weniger riskant und hätte keine Nebenwirkungen, im Unterschied zum »Heilmittel Fremdgehen«.

Allerdings übersehen Paare oft, wann es dazu höchste Zeit wird. Sie leben einfach so dahin. Es fällt ihnen gar nicht auf, dass die Beziehung langweilig geworden ist. Ja, es kann sogar sein, dass sie – vordergründig jedenfalls – auch die Sexualität mit dem Anderen nicht mehr vermissen. Sie ist einfach eingeschlafen, und weil es im Alltag recht gut läuft, ist man sogar ganz zufrieden dabei. Und plötzlich taucht ein Dritter auf, der den einen der beiden »umhaut« –

aufgrund seiner Attraktivität, seiner Art, seiner Ausstrahlung. Und noch bevor man realisiert hat, was man in der Ehebeziehung vermisst, ist es passiert. Man ist mit ihm/mit ihr im Bett gelandet und weiß mit einem Mal, was man in der Stamm-Beziehung vermisst, was einem hier fehlt und was schon die ganze Zeit gefehlt hat. Man hat es also nicht darauf angelegt – und trotzdem ist es geschehen.

Dadurch ist nun die heikle Situation eingetreten, von der ich oben gesprochen habe. Das Erlebnis kann so tief sein, dass man davon nicht mehr loskommt. Die Verletzung für den Partner kann so stark sein, dass keine Fortsetzung der Ehebeziehung mehr möglich ist. Eine vielleicht sehr bittere Trennung kann unvermeidlich werden. Aber es kann auch anders kommen: Wenn beide Partner sich nach dieser Erschütterung darauf besinnen, was sie in ihrer Beziehung vernachlässigt haben; wenn sie darauf schauen, was sie an Wertvollem miteinander aufgebaut haben; wenn sie spüren, dass trotz der Affäre noch eine tiefe Verbindung zwischen ihnen besteht, die sie nicht zerreißen wollen, dann kann die Erschütterung der Affäre dazu führen, dass sie sich auf den Weg machen, einen neuen Anfang in der Beziehung setzen und die Beziehung in Zukunft nicht mehr vernachlässigen.

Allerdings gelingt das nur unter zweierlei Voraussetzungen: erstens, dass der »Fremdgeher« bereit und in der Lage ist, die Affäre – jedenfalls nach einiger Zeit – wieder aufzugeben und sich wieder ausschließlich seinem Partner zuzuwenden. Und zweitens, dass der Partner, der diesen Seitensprung hinnehmen musste, bereit ist, die schwere Kränkung loszulassen und sie dem Anderen nicht mehr nachzutragen und ihm vorzuhalten. Am besten gelingt das dann, wenn auch er einsieht und eingesteht, dass er – was fast immer der Fall ist – am Fremdgehen des Anderen mitbeteiligt war, indem er auch von seiner Seite die Beziehung in diese »Langeweile« hineinschlittern ließ und nicht rechtzeitig etwas dagegen unternommen hat. Beides kann und muss nicht sofort geschehen. In der Regel ist das ein längerer Prozess. Er kann in Gang kommen, wenn beide zumindest so weit sind, dass sie sagen können: Wir wollen unsere Beziehung nicht ohne weiteres aufgeben, wir sind beide bereit, nochmals in sie zu investieren. In diesem Sinn und unter diesen Bedingungen kann eine Affäre, kann Fremdgehen tatsächlich zu einer Wiederbelebung der Beziehung führen, aber als bewusst eingesetzte Strategie wirkt es entweder destruktiv oder bleibt zumindest sehr riskant.

Auf den Punkt gebracht

1. Fremdgehen – einseitiges oder beider Partner – als bewusst eingesetztes Mittel, um eine langweilig gewordene Beziehung wiederzubeleben, birgt die Gefahr einer so großen Verletzung des jeweils anderen Partners in sich, dass die Beziehung sehr leicht daran zerbricht oder dass die Partner, um sich vor dieser Verletzung zu schützen, auf eine große Distanz zueinander gehen und eine intime Beziehung zwischen ihnen verlorengeht oder nicht mehr möglich ist.

2. Wenn Sexualität in einer Beziehung nur noch sehr selten oder kaum mehr stattfindet, ist für eine Beziehung Gefahr im Verzug. Es ist leichtsinnig, das einfach hinzunehmen. Denn das Bedürfnis ist nach wie vor vorhanden, auch wenn es unter den »Ascheschichten des Alltags« verborgen ist. Es kann sehr leicht wieder entfacht werden, wenn von außen durch einen Dritten der nötige »Sauerstoff« zugeführt wird. Darum sollten Paare, wenn das »Symptom Langeweile« bei ihnen nachhaltig auftaucht, dieses ernst nehmen. Die Frage: »Wie gestalten wir unsere Beziehung neu, damit die Glut der Lust unter der Asche wieder zum Vorschein kommt?«, muss beantwortet werden. Dazu kann es hilfreich oder so-

gar erforderlich sein, einen Experten aufzusuchen, der mithilft, den Weg dahin neu zu entdecken und zu begehen.

3. Dasselbe gilt allerdings auch für den sehr viel belastenderen und konfliktträchtigeren Fall, dass einer der Partner bewusst-unbewusst (häufig ist es ja eine Mischung aus beidem) eine Außenbeziehung eingegangen ist. Der Schock, der dadurch ausgelöst wird, kann insofern heilsam sein, als er beide Partner aus der Lethargie aufschreckt. Ob dies zu einer Neubelebung der Beziehung führt, hängt allerdings an zwei Bedingungen. Die erste ist, dass sich der untreue Partner fragt, ob er nach dem, was er in der Außenbeziehung erlebt hat, noch bereit ist, sich mit der bisherigen Beziehung wirklich ernsthaft auseinanderzusetzen, oder ob die Erfahrung der Außenbeziehung vielleicht so stark ist, dass er gar nicht mehr in der Lage ist, sich seiner alten Beziehung nochmals ehrlich zuzuwenden. Allerdings sollte er sich die Antwort nicht zu leicht machen: Will ich wirklich alles Bisherige, die gemeinsame Welt, die wir aufgebaut haben, die Kinder, die Verwandtschaft, das Haus, will ich das wirklich alles aufgeben, obwohl ich ja noch gar nicht weiß, ob die Erfahrung mit dem oder der Geliebten so ist, dass sie tatsächlich eine dauerhafte Grundlage für eine neue Beziehung bietet?

3. Die andere Bedingung: Auch der Partner, der diese Außenbeziehung erleidet, soll darüber nachdenken, ob er sich wirklich noch imstande fühlt, sich auf eine Auseinandersetzung mit dem »Untreuen« einzulassen – oder ist er dadurch so tief verletzt, dass es nur noch den Weg der Trennung für ihn gibt? Ist ihm die alte Beziehung so wichtig, dass er bereit ist, die Untreue des Anderen vielleicht sogar noch eine Zeitlang auszuhalten, wenn dieser noch nicht in der Lage ist, die Außenbeziehung sofort ganz abzubrechen? Und ist er bereit, auch nach seinem eigenen Anteil an der Untreue des Anderen zu schauen?

4. Aus dem Gesagten wird deutlich: Fremdgehen *kann* eine langweilig gewordene Beziehung neu beleben. Aber es ist ein sehr belastender und gefährlicher Weg, der vielleicht nur haarscharf, wenn überhaupt an einer Trennung vorbeiführt. Außerdem ist es mit dem Fremdgehen allein nie getan: Es bedarf für die Aufarbeitung dieses Ereignisses in der Regel großer Mühe, vieler Tränen und harter Auseinandersetzungen. Häufig gelingt diese auch nur mit externer Hilfe. Also besser vorher Alarm schlagen, statt sich auf ein derart riskantes Unternehmen einzulassen!

Ist die Forderung nach Treue nicht längst überholt?

Beobachtungen und Überlegungen

Meine Antwort auf diese Frage lautet: Es kommt darauf an, was unter »Forderung« zu verstehen ist. Die Forderung nach Treue kann ein allgemeiner moralischer Imperativ sein, der nichts mit der Person des Partners und nichts mit der Beziehung des Paares zu tun hat. Sie wird sozusagen »von außen« erhoben. Wer sie erhebt, will, dass die »Ordnung« gewahrt bleibt, eine sozial-gesellschaftliche und/oder eine moralische Ordnung, die er vielleicht sogar als »göttliche Ordnung« versteht. Eine solche Forderung können wir ruhig fallen lassen. Sie achtet weder den, der treu sein soll, noch den, dem Treue gehalten werden soll. Sie ist auch mit Pharisäertum und Unehrlichkeit verbunden. Wer in »rein moralischem« Sinn treu ist, der kann für den Anderen gerade deshalb zum unerträglichen Rechthaber und Moralapostel werden.

Auch wenn ich das so sage, bin ich ein Verfechter der ehelichen Treue, und zwar deshalb, weil ich überzeugt bin, dass Treue kein Gebot »von außen« ist, sondern sich aus dem Wesen der Liebe ergibt, jedenfalls in dem Verständnis von Liebe, das sich in den letzten Jahrzehnten in unseren Breiten entwickelt hat. Dies bedarf nun der eingehenderen Erläuterung. Denn zunächst scheint gerade das Gegenteil der Fall zu sein. Leben wir nicht im Zeitalter des Individualismus und Egoismus? Ist nicht die Zahl der Seitensprünge gerade in dieser Zeit unglaublich stark gestiegen? Gehen nicht heute sogar die Frauen genauso oft fremd wie die Männer? Ist nicht das öffentliche Leben im Vergleich zu früher unvergleichlich freizügiger geworden?

Das alles ist richtig. Aber die andere Seite ist – und das steht zugegebenermaßen oft im Gegensatz zu den oben angeführten Beobachtungen: Wir vertreten heute alle ein personales Liebesverständnis. Man tut sich immer seltener deswegen zusammen, weil man »unter die Haube kommen« möchte, weil man allein nicht überleben kann, weil man Nachwuchs als Altersversorgung braucht oder damit die Familientradition fortgesetzt wird. Das alles war früher wichtiger als »die Liebe«. Heute wird diese mehr und mehr zum einzig akzeptablen Beweggrund, eine Lebensgemeinschaft einzugehen. Das mag man für eine übertrieben idealistische Einstellung halten oder eine illusionäre Überbetonung eines romantischen Liebesideals nennen. Tatsächlich aber wird die Liebe heute immer mehr zum einzigen Beweggrund, eine Ehe einzugehen.

Was aber ergibt sich aus diesem personalen Liebesverständnis? Im Kern geht es dabei um die Erfahrung: Du willst mich als den, der ich bin. Und ich will dich als die, die du bist, und nicht nur wegen der Schönheit, wegen der Intelligenz, wegen der Tüchtigkeit, wegen des Geldes und vieler anderer Dinge … Nein, sondern deshalb, weil ich so bin und weil du so bist. Wir suchen in der Partnerliebe genau das, was wir überhaupt als Menschen brauchen, um leben zu können: das unbedingte Ja zu unserer Person. Dass jemand da ist, der zu uns steht – über all das hinaus, was wir an konkreten Eigenschaften haben. Und darum suchen wir dieses Ja auch nicht nur für eine begrenzte Zeit, etwa die Zeit unserer Kindheit, sondern ohne zeitliche Grenze. Damit aber zeigt sich die Konzeption der »Lebens-Abschnitts-Partnerschaft« als etwas, das gerade dem heutigen personalen Liebesverständnis widerspricht. Was wir suchen, ist ein Mensch, der sich mit uns unbedingt einlässt und auf den wir uns unbedingt einlassen können. Alles andere wäre ein Ja mit Vorbehalt. Oder würde ich einen Partner nehmen wollen, der zu mir sagt: »Ja, aber mit Vorbehalt …«? Ein solches »Ja, aber …« müsste uns doch zutiefst kränken!

Die Liebe, die wir für angemessen halten, um ein gemeinsames Leben zu leben, soll ohne Bedingung, »unbedingt« sein, und das bedeutet Treue als unmittelbare Folgerung. Treue ergibt sich also aus dem Wesen dessen, was wir miteinander wollen, wenn wir heiraten, wenn wir uns für eine Lebenspartnerschaft entscheiden. Das heißt natürlich noch lange nicht, dass das Ja zueinander von Anfang an diese Unbedingtheit schon enthält, dass wir es schon mit unserer ganzen Persönlichkeit »ausfüllen« oder »abdecken«. Und es heißt natürlich auch nicht, dass wir dieses Ja in jedem Augenblick unserer gemeinsamen Geschichte durchhalten können. Wir können auch daran scheitern. Und dennoch muss dieses Ja von Anfang an die Absicht des Unbedingten enthalten. So verhält es sich doch auch in anderen Angelegenheiten unseres Lebens: Wenn wir ein Ziel haben und es erreichen wollen, haben wir keine Garantie, dass uns dies auch gelingt. Aber wenn wir es nicht unbedingt wollen, erreichen wir es sicher nicht! (Vgl. dazu die Antwort auf Frage 2, S. 19 ff.) Unser Leben verlangt immer wieder, dass wir uns mit ihm »unbedingt einlassen«, auch ohne jede Garantie, auch wenn wir ab und zu scheitern. So ist es auch und vor allem in Liebesbeziehungen. Das unbedingte Ja kann scheitern. Das bedingte Ja dagegen scheitert auf jeden Fall. Es widerspricht dem, was wir in Liebesdingen wollen.

Auf den Punkt gebracht

1. Wenn wir uns als Partner für eine Lebensgemeinschaft aus Liebe entscheiden, wollen wir, dass das Ja zum Anderen unbedingten Charakter hat, auch wenn wir es nicht vollständig in der Hand haben, dass uns dieses unbedingte Ja auch gelingt. Darum ergibt sich Treue in der Paarbeziehung aus dem Wesen dieses Liebesverständnisses, ganz unabhängig davon, ob wir in unserer weiteren Geschichte miteinander diesem Versprechen auch tatsächlich gerecht werden oder nicht.

2. Daraus ergibt sich: Nur wenn ich dieses unbedingte Ja, das auch das Versprechen der Treue enthält, zum Anderen sage *will,* ist es verantwortlich, sich mit ihm verbindlich zusammenzutun. Das schließt nicht aus, dass ich dabei unsicher bin, ob ich es auch durchhalten kann. Aber es schließt ein, dass ich das Ja zum Andern in dieser Unbedingtheit *will.*

3. Aus diesem Grund ist es sehr angemessen, dass Paare dieses Ja zum Anderen auch öffentlich in einem Ritual vollziehen. Das hilft, Verbindlichkeit zum Ausdruck zu bringen, und stärkt, indem es öffentlich zum Ausdruck gebracht wird, auch den Willen dazu. Darin haben unsere Hochzeitsfeiern ihren Sinn, und darin haben auch Formulierungen des kirchlichen Hochzeitsrituals wie »... bis der Tod euch scheidet« ihre Berechtigung – vorausgesetzt, sie werden nicht moralisierend missverstanden.

4. Wer bei sich feststellt, dass er sich nicht wirklich verbindlich auf den Anderen einlassen will oder dass dieser ihn gar nicht will, der sollte deshalb lieber die Finger davon lassen, und das heißt, er sollte auch ein möglicherweise eingegangenes Zusammenleben mit ihm/mit ihr aufkündigen, sonst täuscht er eine falsche Situation vor und beraubt sich selbst der Möglichkeit, jemanden zu finden, bei dem er spürt, dass er sich mit dem oder der Anderen *wirklich* einlassen will.

Sich trennen oder weitermachen? Woran kann ich erkennen, was richtig ist?

Beobachtungen und Überlegungen

1. Wer so fragt, steckt zweifellos in einer Beziehungskrise. Aber er ist auch ein Mensch, der es sich nicht leichtmacht und einfach davonrennt, wenn es nicht mehr gut läuft, sondern einer, der hin und her überlegt, ja, sich vielleicht sogar schon ziemlich lange mit dieser Frage herumquält. Es ist auch nicht einfach, auf diese Frage eine Antwort zu finden. Die Entscheidung, um die es hier geht, ist eine zutiefst subjektive und individuelle, und es gibt keine ganz allgemein gültigen Kriterien dafür. Und vor allem: Eine Antwort ist eigentlich erst gefunden, wenn die Entscheidung schon gefallen ist und man an der Art, wie sich die Dinge dann fügen, spürt, dass sie richtig war. Man springt mit dieser Entscheidung immer irgendwie ins Dunkel, man hat selten im Vorhinein absolute Gewissheit. So verständlich also der Wunsch nach einer Antwort auf die eingangs gestellte Frage

ist, sie wird in der gewünschten Eindeutigkeit nicht möglich sein. Trotzdem möchte ich denen, die mit einer solchen oder ähnlichen Frage ringen, einige Überlegungen zur Verfügung stellen, die vielleicht weiterhelfen und der eigenen Antwort näher bringen.

Wem sich die Frage nach der Trennung stellt, der fühlt höchstwahrscheinlich das Liebesband zum Partner nicht mehr, das ihn am Anfang der Beziehung mit diesem verbunden hat. Dafür kann es mehrere Gründe geben: Vielleicht hat es nie wirklich existiert, und die beiden Partner haben es sich nur eingebildet. Oder es ist irgendwann gerissen, weil es überdehnt wurde, entweder durch viele Unachtsamkeiten im Laufe der Zeit oder durch eine schwerwiegende Kränkung. Es kann aber auch sein, dass der Frager das Band nicht mehr spürt, dass es aber trotzdem noch vorhanden ist. Um dafür ein anderes Bild zu verwenden: Man sieht und spürt die Glut des Anfangs nicht mehr, nicht weil sie gar nicht mehr vorhanden, sondern weil sie von dicken Ascheschichten überdeckt ist. Natürlich ist die Glut dann in Gefahr, vollständig erstickt zu werden. Aber vorhanden kann sie trotzdem noch sein, wenigstens als schwaches Glimmen – oder als der eine oder andere Funken, der sich noch in der Asche gehalten hat. Würde also Asche entfernt, vorsichtig Sauerstoff zugeführt, brennbares Material herangeschafft, so könnte die Glut wieder entfacht werden … Konkret gesprochen: Durch Verletzungen, durch Unachtsamkeiten, Alltagstrott und abstumpfende Gewohnheiten kann die anfängliche Liebe nicht mehr spürbar, wohl aber in Resten oder auch als tieferliegendes Fundament noch vorhanden sein. Darum ist Vorsicht geboten, aus dem Gefühl, nicht mehr zu lieben oder vom Anderen nicht mehr geliebt zu werden, rasch die Konsequenz einer Trennung zu ziehen. Deshalb sagen auch manche Menschen nach Trennungen: »Das war ein Fehler, ich habe zu schnell entschieden …« Wenn sich also die Frage stellt, um die es hier geht,

gilt es als Erstes, nochmals genau hinzuschauen, hinzu-
spüren und zu untersuchen, ob unter der Ascheschicht nicht
noch etwas glimmt, das man wieder anfachen könnte ...

2. Es kann aber tatsächlich vorkommen, dass Trennung ein
richtiger, vielleicht sogar notwendiger Schritt ist, auch
wenn die Partner einst einander in voller Überzeugung das
Eheversprechen, zusammenzuhalten, »bis der Tod sie scheidet«, gegeben haben. Es kann sich, auch wenn dieses Versprechen vollkommen aufrichtig gegeben wurde, herausstellen, dass es nicht durchzuhalten ist. Ich zähle einige
Beispiele – wie ich meine, die wichtigsten – dafür auf.
    Es kann sein, dass das »Ja« zueinander auf einem Irrtum
beruhte. Er hat zum Beispiel gemeint, ihr »Retter« sein zu
können, der sie aus den Fängen irgendeines »Drachens« be-
freit, einer schwierigen familiären Situation oder einer destruktiven Beziehung, in der sie sich als »Opfer« fühlte,
und er erschien ihr als so stark und kraftvoll, dass sie sich
gern von ihm erretten ließ. Aber hinterher stellt sich heraus:
Er ist gar nicht so stark, wie es anfangs aussah, im Alltag
kapituliert er oft vor Kleinigkeiten, und sie beginnt ihn deshalb abzuwerten und zu verachten, und er fühlt sich von ihr
mehr und mehr verfolgt und wird seinerseits zum Opfer.
Der »starke Held« und das »schwache Mädchen«, das waren
sie gar nicht wirklich, das haben sie aufeinander *projiziert*,
und diese Projektion war die Grundlage ihres Eheverspre-
chens. Sie haben sich im Anderen so gründlich getäuscht,
dass keine Weiterführung der Beziehung mehr möglich ist.
    Weiter kann es sein, dass nach der Entscheidung fürein-
ander eine Entwicklung einsetzte, die nicht vorauszusehen
war. Beide waren vielleicht noch sehr jung, als sie sich zu-
sammentaten, waren vielleicht noch in der Ausbildung.
Dann verlassen sie das Elternhaus, werden berufstätig, einer von beiden ist oder beide sind sehr erfolgreich, machen
sich selbstständig, kommen mit völlig anderen Menschen

zusammen, entdecken bei sich Fähigkeiten und Vorlieben, von denen sie vorher keine Ahnung hatten – und plötzlich stellen sie fest, dass sie nicht mehr zusammenpassen. Auch dann kann eine Trennung unausweichlich werden, denn sie sind in gewissem Sinne »andere« geworden, als sie es damals zum Zeitpunkt ihres Zusammengehens waren. Besonders bitter kann es in dem Fall sein, wenn eine solch rasante Entwicklung nur von dem einen vollzogen und der andere gleichsam »sitzen gelassen« wird. Trotzdem kann die »Passung« ein für alle Mal verlorengegangen und eine Trennung unausweichlich geworden sein.

Der geschilderte Prozess kann sich auch viel weniger dramatisch vollziehen. Unmerklich, aber stetig entwickeln sich beide Partner »auseinander«. Oft ist dieser Prozess nicht eigentlich unausweichlich. Hätten die beiden einen ständigen intensiven Austausch über sich und über den Anderen gepflegt, dann wäre ihnen wahrscheinlich eine Chance geblieben. Aber das haben sie vernachlässigt, und so sind sie in eine Situation geraten, wo sie einander – wie von zwei weit entfernten Ufern aus – nicht mehr erreichen. Häufig zeigt sich das darin, dass sie im Alltag immer wieder sehr heftig »aneinander« geraten. Immer wieder gibt es an denselben Punkten dieselben unerquicklichen Auseinandersetzungen, an denen deutlich wird, dass man inzwischen jeweils »auf einem anderen Stern« lebt. Einer von beiden oder beide bekommen das Gefühl, dass es miteinander einfach nicht mehr weitergeht. Und wenn sie es dennoch versuchen, stagniert der eine oder beide stagnieren. Vielleicht wird einer sogar krank, oder beide machen sich gegenseitig krank. Wenn sich dieses Gefühl auch dann nicht ändert, wenn sie alles getan haben, was man heute so tun kann (auch zum Beispiel in einer Therapie), wird deutlich, dass aufgrund der persönlichen Entwicklung, die ein jeder von beiden in den letzten Jahren durchlaufen hat, kein anderer Ausweg bleibt als die Trennung.

Schließlich kann Trennung auch dadurch notwendig werden, dass die anfangs durchaus vorhandene Liebes-Grundlage von einem oder von beiden zerstört wurde, zum Beispiel durch einseitige oder gegenseitige Kränkungen. Beide haben sich Kinder gewünscht, aber der Mann begreift nicht, wie sehr ihn seine Frau bei der Geburt und im Umfeld der Geburt gebraucht hätte. Er hat sie völlig mit allem allein gelassen und keine Rücksicht auf ihre Situation genommen. Dazu kommt, dass sie ihre tiefe Enttäuschung nicht anspricht, sondern in sich hineinfrisst, und sie zahlt sie ihm heim, indem sie einige Zeit später mit ihrem früheren Freund fremdgeht. Als das auffliegt, stehen beide vor einem Scherbenhaufen, weil die wechselseitigen Verletzungen so schwer sind, dass sie meinen, einander nicht verzeihen zu können. Natürlich passiert so etwas nur, wenn sie den anderen mit ihrem Verhalten an jeweils besonders »wunden Punkten« treffen, die jeder schon mitbringt, und hier könnte auch ein Ausweg gefunden werden, indem sich beide dieser ihrer Verletzlichkeit zuwenden und nach deren Ursachen forschen. Häufig aber können die Partner das nicht erkennen und sind deshalb vom Anderen so tief verletzt, dass sie keinen Neuanfang mehr finden. Natürlich geschieht dasselbe nicht nur wechselseitig wie in unserem Beispiel, sondern noch häufiger einseitig: Der eine wird zum »Täter« und der andere zum »Opfer«, und das »Opfer« ist so tief verletzt, dass keine Weiterführung der Beziehung mehr möglich ist.

Mein Fazit aus dem Gesagten: In einer auf Dauer angelegten Liebesbeziehung können sich Entwicklungen einstellen, die es erforderlich machen, sie wieder aufzulösen, damit die Partner nicht an Seele und Leib Schaden erleiden. Dies gilt auch dann, wenn diese Beziehungen allen Ernstes und mit aller Ehrlichkeit als verbindlich eingegangen wurden. So sehr es wünschenswert und nötig ist, sich für den Erhalt einer Beziehung einzusetzen – wir haben unser Leben und noch weniger das Leben des Partners so im Griff, dass wir ein Scheitern des anfangs Gewollten immer verhindern können.

3. Bei all dem Gesagten setze ich eins voraus: dass die einzige Grundlage einer verbindlich gelebten Beziehung, einer Ehe, die lebendige Liebe der beiden Partner zueinander ist. Das galt bei weitem nicht immer in dieser Weise. Diesen Grundsatz gibt es bei uns seit etwa 150 Jahren, und allgemein durchgesetzt hat er sich wohl erst seit den Sechzigerjahren des 20. Jahrhunderts. Vorher waren für den Bestand der Ehe viele andere Gründe mindestens gleich ehrenwert und gültig (vgl. S. 96). Heute hat die personale Liebe zwischen Mann und Frau, wie gesagt, einen so großen Stellenwert für deren Lebensgemeinschaft bekommen, dass andere Gründe zwar sicher in unterschiedlichem Ausmaß auch noch eine Rolle spielen. Aber wenn daraus die für das Zusammenbleiben entscheidenden Gründe werden, obwohl die Liebe sich verabschiedet hat, sind die Betroffenen meist todunglücklich und fühlen sich um ihr Lebensglück betrogen.

Es müsste allerdings deshalb nicht immer zu derart vollständigen und in den Konsequenzen so zerstörerischen Trennungen kommen, wie wir es heute häufig erleben. Hier – so meine ich – hat sich eine problematische Überbetonung der intimen Liebe zwischen Frau und Mann herausgebildet, die schon viel Unglück über die Betroffenen gebracht hat. Was meine ich damit? Mann und Frau sind zunächst ein Liebes-Paar, aber darüber hinaus gibt es oder entstehen nach der Heirat auch noch andere Beziehungs-Formen zwischen ihnen (vgl. S. 72). Warum sollte es nicht möglich sein, diese Verbindungen beizubehalten, wenn sie sich als Paar, also auf der Ebene der Partner-Liebe, trennen?

Das könnte im Blick auf die genannten Beispiele heißen: Das Elternpaar beschließt, sich als Paar zu trennen, aber im

Interesse ihrer weiterbestehenden Elternschaft, also für die gemeinsamen Kinder, entscheiden sie sich, zwar mit getrennten Bereichen, aber im selben Haus weiter wohnen zu bleiben. Für die Kinder steht dadurch kein größerer Wechsel an, beide Elternteile bleiben für sie fast genauso zugänglich wie vorher. Oder ein Arzt-Ehepaar trennt sich als Paar. Die Frau bleibt aber in der Praxis angestellt, weil sie sonst ohne eigenes Einkommen dastünde und die Praxis eine wichtige Spezialistin verlieren und damit ihre Existenz gefährden würde. Oder das bisher gemeinsame Geschäft wird nach der Trennung von beiden als Geschäftspartner weitergeführt, weil es sonst für beide zu wenig oder nichts mehr abwerfen würde. Warum muss bei einer Trennung gleich alles Gemeinsame zerstört werden? Warum muss das den Kindern zugemutet werden, warum muss man sich außer der Beziehungskrise noch allen möglichen Existenzgefährdungen aussetzen?

Auf den Ebenen außerhalb der Liebesbeziehung weiter zu kooperieren, weiter Gemeinsames zu haben, weiter vielleicht sogar im selben Haus wohnen zu bleiben, das erfordert freilich von den Partnern einiges: Derjenige, der die Trennung nicht wollte, muss ihr zustimmen. Zorn und Wut wie auch das Rachebedürfnis wegen bestimmter Verhaltensweisen des Partners müssen im Zaum gehalten oder – noch besser – überwunden werden. Dies ist natürlich dann leichter möglich, wenn die Zeit vor der Trennung nicht mit heimlichen Betrügereien und Lügengespinsten angefüllt war, die den Partner unnötig gekränkt und verletzt haben, sodass ihm noch ein ganzer Wust von Wut- und Rachegefühlen gleichsam »nachhängt« und jeden weiteren Umgang mit dem früheren Partner erschwert.

Die Unterscheidung der Ebene des Liebespaares von anderen Formen der Gemeinsamkeit der Partner, und als Konsequenz daraus die mögliche Aufrechterhaltung vorhandener Gemeinsamkeiten ist nicht illusorisch. Ich erlebe in letzter Zeit immer wieder Paare, die imstande sind, dies zu bewältigen. Es kommt vor allem den Kindern zugute, macht aber insgesamt Trennungen humaner und leichter vollziehbar, sodass nicht die schwierige Situation entsteht: Entweder ich bleibe, dann gehe ich kaputt, oder ich gehe, dann mache ich alles andere kaputt. Wir neigen heutzutage in Liebesdingen zu einem zerstörerischen Alles-oder-nichts-Spiel. Wir würden uns mehr einer erträglichen Normalität annähern, wenn wir dies aufgeben könnten.

4. Noch ein paar Überlegungen zu »gemeinsamen Kindern und Trennung«. Natürlich wünschen sich Kinder immer, dass Papa und Mama zusammenbleiben und dass sie beide für sich behalten können. Deshalb sind gemeinsame Kinder ein sehr berechtigter zusätzlicher Grund, den Gedanken an Trennung besonders eingehend und kritisch zu reflektieren. Allerdings können Kinder trotzdem kein ausreichender Grund sein, die Paarbeziehung, bei der sich die Liebe nicht mehr beleben lässt, aufrechtzuerhalten. Das widerspricht nicht dem eben Gesagten. Denn obwohl in unserem Beispiel die beiden Partner im selben Haus wohnen bleiben, definieren sie klar ihre Trennung auf der Paar-Ebene. Destruktiv wird es übrigens auch für die Kinder, wenn keine Liebe zwischen den Partnern mehr vorhanden ist, wenn diese aber als Eltern so tun, als wäre alles zwischen ihnen noch in Ordnung. Dass es unter dieser Voraussetzung zu ständigen Verletzungen, fruchtlosen Auseinandersetzungen, schlimmen gegenseitigen Abwertungen oder aber, wenn sie dies vermeiden wollen, zu »tödlichem Schweigen« kommt, das fast noch schlimmer ist als der offene Streit, ist eine fast unausweichliche Konsequenz.

Wenn die Liebe zwischen den Partnern nicht mehr zu beleben ist, dann ist auch für die Kinder die beste Konsequenz die klar definierte Trennung auf der Paarebene. Wie diese vollzogen wird, ob das Paar sich auch räumlich trennt oder nicht, ob einer der Partner an einen anderen Ort zieht oder in der Nähe wohnen bleibt, das sind dann nachgeordnete Fragen. Sie sollten nach der Maßgabe entschieden werden, wie auch der getrennte Partner seine Pflichten und Rechte als Vater oder Mutter am besten realisieren kann.

Denn das Gesagte gilt, wenn man das Wohl der Kinder im Auge hat, nur zusammen mit diesem zweiten Punkt: Die Elternebene muss erhalten bleiben und damit ein Minimum an konstruktiver Kooperation der beiden Getrennten im Hinblick auf die gemeinsamen Kinder. Dann ist eine Trennung zwar immer noch eine Krise für die Kinder, aber eine, die sie bewältigen und aus der sie auch gestärkt hervorgehen können. Ob eine Trennung schädlich für die Kinder ist, entscheidet sich also an der Fähigkeit der Partner, *wie* sie diese vollziehen, nämlich ob es ihnen gelingt, die Elternebene aufrechtzuerhalten oder nicht. Die Elternebene aufrechterhalten heißt: Die Kinder haben zu beiden Elternteilen Zugang; der getrennt lebende Elternteil hat kontinuierlichen Kontakt zu ihnen; wichtige sie betreffende Entscheidungen werden gemeinsam besprochen und getroffen; die Kinder werden nicht in Solidaritätskonflikte verwickelt und zu einseitigen Bundesgenossen der Eltern gemacht. Das heißt insgesamt: Auch wenn das Paar sich getrennt hat, auch wenn die Art des Familienlebens sich geändert hat, bleibt die Familie den Kindern erhalten. Wenn dies den Partnern gelingt, brauchen sie sich keine Sorgen darum zu machen, dass sie ihren Kindern mit der Trennung vielleicht Unzumutbares angetan hätten (vgl. dazu auch die Antwort auf die Frage 18, S.175 ff.).

Auf den Punkt gebracht

1. Wenn die Frage der Trennung im Raum steht, muss ich mir als Erstes bewusstmachen, dass ich sie selbst entscheiden muss. Niemand nimmt mir diese Entscheidung ab. Zum Zusammengehen gehören immer zwei Menschen. Trennung geschieht schon durch einseitige Entscheidung. Viel leichter ist es natürlich, wenn auch eine Trennung einvernehmlich geschieht. Dies ist aber eher der Ausnahmefall. Ich kann mich darauf nicht verlassen. Wenn die Frage für mich ansteht, muss ich sie allein eigenverantwortlich anpacken und beantworten.

2. Es ist gut, wenn ich mir für diese Entscheidung Zeit lasse, vor allem wenn viel daran hängt: gemeinsame Kinder, vieles, das wir zusammen aufgebaut haben, eine gemeinsame Geschichte, das Eingebettet-Sein in eine gemeinsame Verwandtschaft. Ein erster Schritt der Auseinandersetzung könnte sein, dass ich – etwa in zwei Kolumnen nebeneinander – aufschreibe: Was uns verbindet – Was uns trennt. Beides kann ich dann gegeneinander abwägen. So könnte sichtbar werden, ob noch die gemeinsame Liebesgrundlage vorhanden ist, von der im Vorausgehenden die Rede war.

3. Wichtig ist auch, dass ich das Thema »Trennung« in die Beziehung einbringe. Der Partner muss wissen, dass ich mich damit allen Ernstes befasse, damit er davon nicht völlig unvorbereitet überrascht wird, wenn es womöglich zu spät ist. Seine Position in dieser Frage kann für den weiteren Prozess entscheidend werden. Es wäre nicht das erste Mal, dass ein Partner durch diese Konfrontation erst richtig aufwacht, dass ihm bewusst wird, wie viel ihm – trotz allem – an der Beziehung liegt und dass ihn das motiviert, sich auf einen Veränderungsprozess einzulassen. Dies könnte eine entscheidende Wende hin zu einer neuen Phase der Beziehung einleiten.

4. Wenn einer der Partner das Thema »Trennung« in die Beziehung einbringt, lautet die Frage eigentlich nicht mehr »Trennung oder weitermachen?« Sie verwandelt sich vielmehr in die Frage: »Trennung oder Neuanfang?«. Denn die Frage nach der Trennung vermittelt ja, dass es so nicht mehr weitergeht, dass also etwas Neues kommen muss. Wenn die Frage so im Raum steht und der Partner – nach dem ersten Schock vielleicht – Bereitschaft zeigt, sich darauf einzulassen, ist in vielen Fällen Hilfe von außen nötig: Professionelle Beratung kann hier sehr helfen, die Grundlagen der Beziehung zu überprüfen. Mit oder ohne eine solche Beratung kann dabei die Besinnung darauf hilfreich sein: Was hat uns eigentlich damals, als wir uns verliebt haben, zusammengeführt? Ist davon noch etwas vorhanden, oder hat es sich gänzlich als Illusion herausgestellt, oder ist es uns unterwegs verlorengegangen? Und wenn Letzteres zutrifft: Könnten wir es und wodurch könnten wir es wiederbeleben, und ist bei beiden die Bereitschaft dazu vorhanden? Bei vielen Beziehungen hat sich schon herausgestellt: Als einer der beiden das Risiko einging, sich und den Partner »vor den Abgrund« einer Trennung zu stellen, also den Ernst der Lage auf diese Weise sich und dem Partner drastisch vor Augen führte, wurde ein echter Neuanfang, eine echte Neu- oder Wiederbelebung der Beziehung möglich. Wenn aber die Frage, da sie nun einmal auftaucht, verschwiegen wird, führt sie oft in endlose Beziehungskriege hinein, die keinem guttun, am wenigsten den Kindern, auch wenn die Beziehung äußerlich erhalten bleibt. Oder aber es führt zu einer plötzlichen Trennungsentscheidung, durch die sehr viel Porzellan zerschlagen wird.

5. Des Öfteren hat sich auch bewährt, eine Vereinbarung über eine vorläufige Trennung zu treffen, wenn sich die Dinge nicht anders klären lassen. Die Partner vereinbaren diese Trennung entweder für einen bestimmten Zeitraum

oder auch ohne ein bestimmtes Datum, aber in jedem Fall mit der Verpflichtung, vorerst oder in diesem Zeitraum keine endgültige Entscheidung über die Beziehung zu treffen. Dieses auch äußerlich vollzogene Auseinanderrücken des Paares ist ein drastischer Eingriff in das bisheriges Leben der Partner und schafft deshalb oft neue Einblicke in das bisherige Zusammenleben. Dies kann sehr dazu beitragen, zu einer tragfähigen Lösung zu finden, vor allem wenn in dieser vorläufigen Trennungszeit therapeutische Gespräche vereinbart oder weitergeführt werden.

6. Eine Paartherapie hat nicht das Ziel, das Paar um jeden Preis zusammenzuhalten oder wieder zusammenzuführen. Vielmehr geht es um Hilfe für die Partner, um eine richtige Entscheidung zu treffen. Natürlich wird sich der Berater/die Beraterin sehr freuen, wenn es dem Paar gelingt, aus der Krise heraus wieder einen gemeinsamen Weg zu finden. Aber er wird auch unterstützend mitgehen, wenn eine Trennungsentscheidung fällt.

7. »Scheiden tut weh«: Im Fall einer Trennung wird es nicht ohne Schmerz abgehen. Vor allem der Partner, der die Trennung nicht oder noch nicht wollte, aber auch der im Trennungsprozess Aktive, beide werden Schmerz empfinden, denn auch die schlechteste Beziehung deckt noch eine Menge menschlicher Bedürfnisse ab, die jetzt – jedenfalls vorübergehend – nicht mehr erfüllt werden: dass überhaupt jemand da ist und dass ich nicht allein bin; dass – solange der andere da ist – immer noch Hoffnung auf eine bessere Zukunft mit ihm besteht; dass es Stabilität in meinem Leben gibt und dergleichen mehr. Das alles fällt durch eine Trennung weg. Man darf also nicht erwarten, dass es ohne Schmerzen abgeht, und Schmerzen, auch des »Trennungs-Aktiven«, sind an sich noch kein Indiz, dass seine Entscheidung falsch war.

8. Trennung auf der Ebene der Paar-Liebe bedeutet noch nicht, dass man alles bisher Gemeinsame aufgeben oder gar zerstören muss. Vor allem die Elternebene soll – wie oben beschrieben – erhalten bleiben; dann braucht man sich auch nicht im schlechten Gewissen zu »ergehen«, man hätte durch den Entschluss zur Trennung den Kindern geschadet.

9. Man soll sich, je länger man zusammen war und je mehr man miteinander aufgebaut hat, den Schritt zur Trennung, wie gesagt, nicht leichtmachen. Aber auch das Gegenteil kommt vor: dass man zu lange damit zögert. Wenn »nichts mehr geht«, obwohl man »alles versucht hat«, ist irgendwann die Trennungsentscheidung fällig. Sonst schadet man sich, dem Partner und den Kindern. Denn das weiterhin so nahe Zusammenleben, obwohl die Liebe des Paares tot ist, kann für alle Betroffenen, die Partner wie die Kinder, eine Quelle von körperlichen wie seelischen Krankheiten werden.

Sind die Unterschiede zwischen Männern und Frauen nicht zu groß, um einander wirklich verstehen zu können?

Beobachtungen und Überlegungen

Wenn diese Frage auftaucht, geschieht dies häufig im Zusammenhang mit einem Konflikt zwischen den Partnern, aus dem es keinen Ausweg zu geben scheint. Dann sagen sie oder sagt einer von beiden: »Männer und Frauen sind eben doch zu verschieden!« Das kann resignativ oder als Selbstrechtfertigung des eigenen Geschlechts gemeint sein oder auch als Entschuldigung für das andere, auf jeden Fall konstatiert es einen Unterschied zwischen beiden Geschlechtern, der anscheinend unüberbrückbar ist. Und dann werden verhaltensbiologische, gehirnphysiologische und andere wissenschaftliche Untersuchungen herangezogen, die diese grundsätzliche Unterschiedlichkeit zu bestätigen scheinen. Damit soll also konkretes Unverständnis zwischen Mann und Frau gewissermaßen als zwangsläufig hingestellt und vor allem begründet werden, dass das entsprechende Verhalten, an dem sich der andere stört, nicht zu verändern ist: »Ich bin eben ein Mann, und Männer können nicht anders, als … Du musst dich damit abfinden und mich eben so nehmen, wie ich bin!« Wie verhält es sich nun mit diesem störenden »Anders-Sein« des Anderen?

In der Liebe suchen und machen wir die Erfahrung, vom Anderen ganz verstanden zu sein. Wenn wir dies erleben, beglückt uns das zutiefst. Aber im Laufe einer im Alltag ge- lebten Beziehung stellt sich immer wieder heraus, dass es doch kein umfassendes Verstehen aller Facetten unserer Persönlichkeit war. Der weitere Verlauf der Beziehung zeigt: In manchen, auch wichtigen Seiten meiner Person fühle ich mich vom Anderen nicht wahrgenommen; ebenso ist mir in mancher Hinsicht auch der Andere immer noch ein Stück weit fremd, vielleicht sogar ein Rätsel. Dies ist häufig die Quelle von Konflikten, die manchmal als unlös- bar erscheinen, weil der Andere »so anders« ist. Aber ge- rade hier muss man sagen: Hier beginnt der Prozess der Reifung der Liebe. Er besteht darin, dass wir uns genau darum zu kümmern beginnen, auf dieses Anders-Sein des Anderen zuzugehen. In der Verliebtheit sehen wir den Part- ner vor allem in den Eigenschaften, die zu uns passen, weil sie den unseren ähnlich sind oder sie wunderbar ergänzen. Reife Liebe besteht aber darin, dass wir den Anderen auch da zu akzeptieren lernen, wo er »anders« ist. Mit anderen Worten: Nicht nur wegen der Unterschiedlichkeit des Ge- schlechts, sondern weil wir grundsätzlich zwei verschie- dene Menschen, zwei eigenständige Persönlichkeiten sind, sind wir »anders«. Darum bleiben wir auch einander teil- weise fremd und ein Geheimnis. Im Prozess der Reifung der Liebe lassen wir diese Erfahrung einerseits immer mehr zu und begeben uns andererseits in einen fortlaufenden Pro- zess der wechselseitigen Annäherung an dieses Geheimnis. Dazu bedarf es der Achtung vor dem Anderen und vor dem

Geheimnis, das er ist, und diese Achtung ist eine wesentliche Eigenschaft reifender Liebe.

So verhält es sich nun auch mit den Unterschieden, die speziell mit dem unterschiedlichen Geschlecht von Mann und Frau gegeben sind. Darüber ist in den letzten Jahren viel geschrieben worden, oft mit dem Unterton, da sei eben nichts zu machen, das müsse man einfach so hinnehmen! Mir ist hier wichtig, zu betonen: Gerade um einander besser zu verstehen und in der jeweiligen Unterschiedlichkeit zu achten, ist dies von Bedeutung und gerade nicht, um Unverständnis zu begründen und zu rechtfertigen! Wenn wir den Blick auf die Unterschiede speziell im Beziehungsverhalten von Männern und Frauen richten, können wir diese, tabellarisch gegenübergestellt, folgendermaßen charakterisieren:

Männlich	*Weiblich*
Ausgerichtet auf eine »Sache«, auf ein »Drittes«	Ausgerichtet auf die Beziehung selbst
Ausgerichtet auf Problemlösung	Ausgerichtet auf Austausch untereinander.
Ausgerichtet auf Wettkampf, »Durchsetzung« (»positional«)	Ausgerichtet auf Ausgleich, Harmonie (»relational«)
Zurückhaltend, »ökonomisch«	Expressiv, redundant
Zielgerichtet, linear (»Pfeil«)	Mehreres gleichzeitig (kreisförmig, »Spirale«)
Hierarchisch orientiert: »Wer hat das Sagen?«	»Horizontal« orientiert: Zusammenhalt und Harmonie
»Kämpfer an der Front«, Familien-Ernährer	»Hüterin des Herdes«: Gefühlsexpertin und Fürsorgerin der Familie

Das männliche Verhalten könnte man also sehr vereinfacht durch das Motto »Auf ein Ziel hin« charakterisieren, das weibliche durch das Motto »Mit- und füreinander« (Jellouschek 2009, S. 32 ff.). Zweifellos ist diese Unterschiedlichkeit auch genetisch grundgelegt und hormonell beeinflusst, also mit der Natur des Menschen und seiner Zwei-Geschlechtlichkeit gegeben. Darüber hinaus entspricht es aber einer sehr langen gesellschaftlichen Tradition, dass die Männer zur Existenzsicherung von der Familie weg zur Arbeit gingen und die Frauen sich deshalb vor allem um den Nachwuchs und die Familie kümmerten. Diese Rollenaufteilung begann dadurch immer mehr auch die inneren Bilder von Mann und Frau zu prägen, die von Generation zu Generation bis in die Gegenwart weitergegeben wurden. Genetische Disposition, gesellschaftliche Situation und familiäre Tradition bestimmen also die Unterschiedlichkeiten der Geschlechter in ihrem Selbstbild und auch in ihren Erwartungen an den jeweils Anderen.

Welche Konsequenzen hat diese Unterschiedlichkeit? Eine erste ist: Auch wenn bei weitem nicht alles biologisch festgelegt ist, was diese Unterschiede ausmacht, auch wenn die gesellschaftlichen Verhältnisse heute bei weitem nicht mehr nur die alten Rollenbilder erfordern, auch wenn diese heute von den Eltern keineswegs mehr so unreflektiert an die nächste Generation weitergegeben werden, bestimmen die »alten Verhältnisse« doch noch sehr viel in unserem Leben und machen Veränderung zwar nicht unmöglich, aber nicht einfach. Das könnte Paare veranlassen, wenn sie manchmal schmerzhaft auf diese Unterschiede stoßen, einander mehr Verständnis entgegenzubringen. Auch hier gilt: Das Anders-Sein des Anderen aufgrund seines anderen Geschlechts ist kein Hindernis für die Liebe, sondern gerade ein Anlass, dem Anderen mit Achtung und Verständnis für sein Anders-Sein zu begegnen!

Eine weitere wichtige Konsequenz: Die erwähnten Unterschiede liegen keineswegs unveränderbar fest, nicht einmal die biologischen Unterschiede. Auch wenn also die Neigung der Männer zu »männlichem« und der Frauen zu »weiblichem« Verhalten besteht, können sie auch die andersgeschlechtlichen Eigenschaften nicht nur verstehen, sondern auch bei sich entwickeln. Sie können es nicht nur, sondern sie müssen es auch, um im vollen Sinn »Mensch« zu werden. Jeder weiß, dass Frauen sehr zielorientierte Chefinnen werden können, ohne ihre »weibliche« Beziehungsorientierung zu verlieren, und Männer können sehr liebevolle, fürsorglich-mütterliche Väter sein, ohne ihre »männliche« Sachorientierung einzubüßen. Beide, Frauen wie Männer, profitieren gemäß vielen persönlichen Berichten für die Entwicklung ihrer Gesamtpersönlichkeit, wenn sie sich auf die traditionellen Felder des anderen Geschlechts begeben und hier ihren Mann und ihre Frau stehen. Dies wussten schon die alten Chinesen, wenn sie »Yang«, das männliche Prinzip, und »Yin«, das weibliche, nicht mit dem konkreten »Mann« und der konkreten »Frau« gleichsetzten, sondern als zwei Lebensprinzipien definierten, deren Synthese in jedem Einzelnen erst Lebendigkeit bewirkt. Die Entwicklung des Weiblichen im Mann und des Männlichen in der Frau ist demnach das Ziel individueller Reifung. Männer wie Frauen, die sich um eine solche Reifung bemühen, kommen darüber hinaus auch einander liebevoll näher, weil sie das Weibliche und das Männliche in sich besser kennenlernen und am Anderen gerade dadurch auch eher schätzen lernen, als ihm verständnislos gegenüberzustehen.

Auf den Punkt gebracht

1. Die Unterschiedlichkeit von Frauen und Männern bedeutet nicht, dass Männer und Frauen einander nicht verstehen könnten. Eine wesentliche Grundlage und Voraussetzung

von Liebesfähigkeit ist, sich in den Anderen als Anderen hineinversetzen zu können, auch wenn das nie vollständig gelingt. Wer nur das beim Anderen sehen kann, was ihm selbst entspricht, »kolonialisiert« den Anderen (Moeller 1988); er versucht, ihn zu einem Teil seiner selbst zu machen. Liebe besteht aber im Kern gerade darin, über die eigenen Ich-Grenzen hinaus auf den Anderen »als Anderen« zugehen zu können. Wer vom Anderen vollständige Übereinstimmung fordert, um ihn verstehen zu können, kreist um sich selbst, bleibt in sich selbst gefangen. Sich »in die Schuhe des Anderen zu stellen«, die Welt aus seiner Perspektive zu betrachten ist eine grundlegende Aufgabe in unserem Leben, um lieben zu lernen.

2. Wenn ich dem schwer oder zunächst nicht verständlichen Anderssein der Frau oder des Mannes begegne, ist es deshalb angezeigt, nicht mit Ärger und Befremden darauf zu reagieren, sondern mir immer mehr anzugewöhnen, eine interessierte, fragende Haltung einzunehmen. Zum Beispiel: »Das verstehe ich – als Mann – nicht, dass du – als Frau – hier so und so reagierst! Kannst du mir das erklären?« Oder auch eine staunende Haltung: »Ach, interessant! So ist das bei dir?! Erklärst du mir das mal?« Damit begebe ich mich auf den Weg zum Anderen hin und beanspruche nicht, dass der Andere sich von vornherein innerhalb der Grenzen meines eigenen Ichs bewegt; ich bitte den Anderen vielmehr um Hilfe, diese Grenzen zu übersteigen und mich auf sein »Du« zuzubewegen. Diese wechselseitig staunend-fragende Haltung ist eine wichtige Facette erwachsener Liebe.

3. Die Unterschiede zwischen Frauen und Männern verhindern keineswegs, dass man sich in Richtung auf den Anderen hin verändern könnte. Es ist schlicht eine Ausrede, zu sagen: »Ich bin ein Mann – und deshalb kann ich eben meine Gefühle nicht äußern!« Oder: »Ich bin eben eine

Frau, deshalb kann ich diese Sache nicht so rational angehen wie mein Mann.« Es ist eine Ausrede, denn natürlich könnte sich der Mann bemühen, seine Gefühlslage deutlicher zum Ausdruck zu bringen, auch wenn es ihm vielleicht nicht so spontan möglich ist wie seiner Frau. Und natürlich hat auch die Frau die Fähigkeit, die Dinge von einem rationalen Standpunkt aus zu betrachten, auch wenn ihr dies nicht so naheliegt wie ihrem Mann. Die vielleicht vorherrschenden unterschiedlichen Tendenzen bei Frauen und Männern verhindern keineswegs, auch die jeweils »anderen« Seiten – jedenfalls ein Stück weit – zu entwickeln. Wie wir gesehen haben, ist dies sogar ein wichtiges Ziel individueller Reifung bei Männern wie bei Frauen. Außerdem fördert es das gegenseitige Verstehen der Geschlechter beträchtlich.

4. Ich meine übrigens damit nicht, dass es ein anzustrebendes Ziel wäre, die Unterschiedlichkeit der Geschlechter einzuebnen und auf diese Weise Männer und Frauen womöglich füreinander uninteressant und unattraktiv zu machen. Nein, es ist sogar sehr wichtig, dass der Mann zu sich und zu seinen spezifisch männlichen Eigenschaften steht und sich als der, der er ist, bejaht. Und dasselbe gilt für die Frau: Sie darf und soll zu sich, wie sie ist, stehen und ihre spezifische Weiblichkeit bejahen. »Sich mit dem eigenen Geschlecht befreunden« habe ich das einmal genannt. Nur wenn ich »auf gutem Fuß mit mir stehe«, kann ich dem anderen Geschlecht ein echtes Gegenüber sein. Andernfalls entstehen Softies und Mann-Weiber, die ihrem eigenen Geschlecht fremd gegenüberstehen oder es sogar ablehnen. Das ist für gute Beziehungen zum Anderen keineswegs förderlich. Die Einfühlung für den Anderen und das Bemühen, auch die »anderen« Seiten zu entwickeln, heißt keineswegs, das Eigene zu verleugnen oder zu verlieren. Im Gegenteil: Erst wenn ich ganz zu mir stehe, kann ich mich in der beschriebenen Weise gegenüber dem Anderen öffnen und auf ihn zugehen.

Darf es in einer Beziehung Geheimnisse geben?

Beobachtungen und Überlegungen

Diese Frage wird wohl auf dem Hintergrund einer öfter gehörten Maxime gestellt, die da lautet: Zwischen Partnern darf es keine Geheimnisse geben. Alles müssen sie offen miteinander besprechen! – Hier wird also behauptet, dass sich Geheimnisse nicht mit der ganz persönlichen, vertrauten Nähe vertragen, die zwischen Liebes- und Lebenspartnern bestehen sollte. Dies stellt der Frager gewissermaßen »in Frage«. Warum? Weil er wahrscheinlich der Meinung ist, dass zu einer Liebesbeziehung auch die andere Seite gehört, nämlich die Eigenständigkeit der Partner, die »eigene Welt«, und dazu gehören auch Dinge, von denen der Andere nichts erfahren sollte, und hier hätten also auch Geheimnisse ihren berechtigten, vielleicht sogar nötigen Platz. Wie verhält es sich also mit Geheimnissen in intimen Beziehungen?

Bei diesem Thema geht es zweifellos um eine unaufhebbare Polarität in Beziehungen: um das »Ich« und das »Wir«, um die Abgegrenztheit des einen vom Anderen gegenüber der Verbindung der beiden miteinander, also auch um Nähe und Distanz. Wer die Berechtigung, ja vielleicht Notwendigkeit von Geheimnissen zwischen Partnern betont, betont die ihm notwendig erscheinende Distanz, wer Geheimnisse ablehnt, akzentuiert dagegen die Nähe. Der Erste betont die Eigenständigkeit der Partner, der Zweite deren innige Verbindung. Beides hat sicher seine Berechtigung. Deshalb wird es auf die Eingangsfrage auch keine Antwort geben, die für alle Paarbeziehungen die richtige ist. Denn sie können in diesem Punkt sehr unterschiedlich sein. Dem einen Partner geht Eigenständigkeit über alles, dem anderen die innige Verbindung und die Gemeinsamkeit. Demnach werden Geheimnisse für den einen durchaus dazugehören, der andere wird sie eher ablehnen. Außerdem muss man auch differenzieren, was die Geheimnisse selbst angeht. Geheimnis und Geheimnis ist nicht dasselbe, und bei dem einen kann die Dringlichkeit der Offenbarung größer sein, bei dem anderen weniger oder sogar eher unangebracht.

Diese Unterschiede durchaus im Blick, möchte ich dennoch einige Überlegungen zu diesem Thema anstellen, die einer Urteilsbildung dienlich sein könnten. Zweifellos geht es hier um die Frage: Was erfordern Vertrautheit und Nähe des Paares einerseits und was Eigenständigkeit, Abgegrenztheit der Partner andererseits? Wie kommen diese beiden »Pole« einer jeden Beziehung in eine gute Balance und welche Rolle spielen Geheimnisse dabei?

1. Zunächst sollte man die unterschiedliche Perspektive der Partner berücksichtigen. Die Sache sieht recht unterschiedlich aus, ob ich sie aus dem Blickwinkel einer Person betrachte, deren Partner möglicherweise ein Geheimnis hat –

ich nenne diesen hier der Einfachheit halber »Geheimnisträger« –, oder ob ich den Standpunkt dieses Geheimnisträgers selbst einnehme und von da aus auf die Situation blicke. Sehen wir uns die Sache zunächst aus der ersten Perspektive an: Natürlich liegen Hirn, Herz und Seele des Anderen nie offen vor mir. Der Andere ist eine eigenständige Persönlichkeit und lebt in seiner eigenen Welt. Eine Beziehung ist nicht möglich, wenn ich dies nicht respektiere. Das Gegenteil von Respekt vor dieser eigenen Welt wäre, ihn ständig zu fragen: »Wo warst du, was hast du gemacht, gedacht, gefühlt? Wer war da noch? Was hast du mit dem und dem gemacht, worüber habt ihr gesprochen …?« Die Leser und Leserinnen merken zweifellos, dass es hier gefährlich wird. Ich fange an, den Anderen zu kontrollieren, werde übergriffig und achte seine Grenzen nicht mehr. Bei eifersüchtigen Partnern ist das häufig der Fall. Sie verlangen vom Partner »totale Offenheit«, um Sicherheit zu bekommen, und weil diese letztlich vollständig nicht möglich ist, fangen sie an, ihn zu quälen – bis zur Unerträglichkeit. Mit anderen Worten: Wenn ich meine Beziehung nicht ruinieren will, habe ich gar keine andere Möglichkeit, als die Eigenständigkeit meines Partners und damit auch seine möglichen Geheimnisse zu akzeptieren und zu respektieren. Dies schließt natürlich nicht aus, dass ich ihn frage, wenn ich durch etwas verunsichert bin oder wenn mich etwas sehr interessiert, von ihm zu erfahren. Aber das wird nur dann nicht übergriffig, wenn ich dabei immer die Freiheit des Anderen respektiere, sich zu äußern oder nicht. Sonst verwandelt sich die Liebes- in eine Kontrollbeziehung, und beides ist nicht miteinander zu vereinbaren.

2. Anders sieht es allerdings aus der Perspektive des Partners aus, des möglichen »Geheimnisträgers«. Hier muss ich mir darüber im Klaren sein: Der Andere hat zwar kein »Anrecht« auf mein Hirn und Herz, aber je weniger ich von mir

mitteile, je mehr Dinge »mein Geheimnis« bleiben, desto mehr von mir bleibt aus der Beziehung ausgeschlossen und desto größer wird zwischen uns die Distanz. Je mehr ich dagegen von mir erzähle, aus meiner Vergangenheit, aus meiner Gegenwart, von meinen Erlebnissen, Überlegungen und Gefühlen, desto mehr Zugang bekommt der Andere zu mir, und wenn er auch seinerseits viel von sich erzählt, entsteht umso mehr Nähe zwischen uns. In dem zuletzt Gesagten ist übrigens eine bedeutsame Wahrheit enthalten: Nähe gibt es nur in der Wechselseitigkeit, Distanz dagegen entsteht auch durch einen Partner allein: Wenn er sich nämlich nicht öffnet, entsteht Distanz, auch wenn der andere Partner sich noch so sehr Nähe wünscht und bereit ist, sich zu öffnen.

3. Ein weiterer wichtiger Aspekt zum Umgang mit Geheimnissen ist die Frage, ob und in welcher Weise mein Geheimnis unsere gemeinsame Gegenwart als Paar betrifft, ob also dieses Geheimnis auch meinen Partner hier und jetzt betrifft und Auswirkungen auf ihn hat. Ein Beispiel: Ein Mann hat in sexueller Hinsicht ein recht bewegtes »Vorleben« geführt. Er ist überzeugt, dass er darunter in der jetzigen Beziehung einen Schlussstrich gezogen hat. Dieser Frau, das fühlt er ganz deutlich, will er treu sein. Würde er ihr nun Einzelheiten aus seinem Vorleben erzählen, wäre sie irritiert, vielleicht auch schockiert. Darum entscheidet er sich, solche Einzelheiten »als Geheimnis« für sich zu behalten. Ich sage dazu: Mit Recht! Er soll seine Frau damit nicht behelligen, es hat nichts mit ihr und mit der jetzigen Beziehung der beiden zu tun. Ein Gegenbeispiel: Eine Frau wurde als Mädchen von ihrem Vater sexuell missbraucht. Sie hat ihrem Freund nichts davon erzählt. Und in der ersten Verliebtheit hat es mit der Sexualität zwischen den beiden auch gut geklappt. Aber auf die Dauer wird es für sie immer schwieriger und schließlich geht überhaupt nichts mehr.

Das alte Trauma steigt wieder hoch und blockiert sie. Wenn sie in diesem Fall den Missbrauch als Geheimnis hütet, entsteht eine völlig vertrackte Situation. Der Freund kann überhaupt nicht verstehen, was los ist. Er sucht die »Schuld« bei sich und müht sich erfolglos ab, oder er beginnt auf die Frau wütend zu werden, dass sie sich ihm verschließt, aber das schafft nur noch mehr Distanz zwischen ihnen. Deshalb muss sie es ihm sagen, nur dann kann er die Situation einschätzen, Verständnis für sie entwickeln und sie eventuell auch dabei unterstützen, die nötigen (therapeutischen) Maßnahmen für sich einzuleiten, um das Trauma zu bewältigen und auch körperlich wieder Zugang zu ihm zu finden.

Das bisher Gesagte bezieht sich auf Ereignisse der Vergangenheit eines Partners. Für diese gilt demnach: Je mehr sie die Gegenwart der Beziehung und die Situation des Partners mit betreffen, desto eher ist es notwendig, sie zu lüften. Je weniger das der Fall ist, desto weniger Notwendigkeit besteht dazu oder desto mehr Grund, sie für sich zu behalten.

4. Dasselbe gilt auch von Ereignissen in der Gegenwart. Ich möchte das wiederum an zwei Beispielen deutlich machen. Ein verheirateter Mann kommt auf einer Geschäftsreise im Hotel mit einer ebenfalls verheirateten Frau näher in Kontakt, die er bisher nur ganz flüchtig kannte. Zwischen den beiden »funkt es« plötzlich, sie haben ziemlich viel getrunken, sie landet in seinem Bett, sie schlafen miteinander. Beiden ist aber klar: »Es« ist passiert, aber er will weiter nichts von ihr, sie auch nicht von ihm, beide wollen die eigene Ehe auch nicht gefährden, sie wollen sich auch nicht wiedersehen, es wird nichts weitergehen zwischen ihnen. »Muss« dieser Mann seiner Frau von diesem Abenteuer erzählen? Oder soll es nicht besser sein Geheimnis bleiben? Meine Meinung: Es soll! Er soll seine Frau damit gefälligst verschonen! Denn was will er damit bewirken, dass er es ihr

erzählt? Will er angeben, was er für ein toller Kerl ist? Oder beichten, damit sie ihn von seinen Schuldgefühlen lospricht? Er soll es für sich behalten – und dafür Verantwortung übernehmen, und das könnte heißen: sich zu fragen, wie ihm so etwas »passieren« kann und wie er in Zukunft mit Beziehungen und mit dem Alkohol umzugehen gedenkt.

Das andere Beispiel: Es beginnt ähnlich. Der Geschäftsreisende schläft unterwegs im Hotel mit einer Kollegin aus einer anderen Firma. Sie verlieben sich ineinander und vereinbaren ein neues Rendezvous, und dann wieder eines. Es beginnt eine intensive Außenbeziehung. Der Mann sagt seiner Frau nichts, und sie ahnt auch nichts, denn beruflich gibt es für ihn viele unverdächtige Gelegenheiten, die Geliebte zu treffen. Und so geht es nun schon ein halbes Jahr lang. Zu Hause gibt er den braven Ehemann und verantwortlichen Vater, auf vorgegebenen oder tatsächlichen Geschäftsreisen, und damit im Verborgenen, den Liebhaber der anderen Frau … In diesem Fall meine ich: Der Mann muss sein Geheimnis lüften! Warum? Weil sonst eine insgesamt verlogene Situation entsteht. Er lebt ein Doppelleben, von dem seine Frau nichts weiß. Selbst wenn es ihm gelingt, im Einzelnen eine Lüge zu vermeiden, führt er seine Frau insgesamt in die Irre. Er betrügt sie, nicht in erster Linie, weil er diese Außenbeziehung lebt, sondern vor allem auch, weil er eine Situation vortäuscht, die nicht der Realität entspricht. Er manipuliert seine Frau und seine ganze Familie durch das Verschweigen seiner wahren Situation. Hier sind also die Frau und die Beziehung unmittelbar betroffen, auch wenn die Frau »nichts merkt«. Wenn die Sache auffliegt, stehen beide vor einem Scherbenhaufen, der vermieden werden könnte, wenn sie rechtzeitig darüber reden. In diesem Fall wird sein Geheimnis zu einem »bösartigen« Geheimnis, das zwar vielleicht lange Zeit verborgen bleibt, aber wie eine Krebserkrankung unbemerkt alles überwuchert und schließlich die Beziehung zu seiner Frau erstickt (Imber-Black 1995).

Es gilt also auch für die »gegenwärtigen« Geheimnisse: Je mehr der andere Partner und die Beziehung davon beeinflusst oder betroffen sind, desto dringlicher wird es, darüber zu sprechen, um tiefe Verletzungen und Kränkungen zu vermeiden. Je weniger dies der Fall ist, desto eher ist es zu rechtfertigen oder kann es sogar nötig sein, das Ereignis als Geheimnis für sich zu behalten und den Partner mit einem »Geständnis« zu verschonen.

Auf den Punkt gebracht

Dem, der sich die Frage vorlegt: »Darf es in einer Beziehung Geheimnisse geben?«, möchte ich im Folgenden ein paar zusätzliche Fragen an die Hand geben, über die er nachdenken kann, um für seine Situation eine Antwort zu finden.

Als Erstes zwei Fragen für denjenigen, der seinen Partner für einen möglichen oder tatsächlichen Geheimnisträger hält und ihm gern dieses Geheimnis entlocken möchte:

1. Ist das, was ich vom Anderen erfahren will, wirklich wichtig, oder kommt mein Fragebedürfnis aus Überbesorgtheit, Angst oder dem Wunsch, über ihn Kontrolle zu erlangen? Wenn das Zweite der Fall ist, sollte ich meine Fragen lieber zurückhalten!

2. Achte ich bei meinen Fragen darauf, dass die Integrität, Eigenständigkeit und Würde des Partners gewahrt bleibt – oder werde ich grenzüberschreitend, eindringend, bedrängend? Wenn das Letztere der Fall ist, habe ich selbst ein Problem: übersteigerte Ängstlichkeit, krankhafte Eifersucht, Kontrollzwang oder Ähnliches. Anstatt in den Part-

ner zu dringen, sollte ich mich dieser meiner eigenen Problematik zuwenden und mich damit auseinandersetzen.

Als Zweites nun Fragen für den »Geheimnisträger«:

1. Wenn ich das Geheimnis für mich behalten möchte: Manipuliere ich dadurch den Partner, weil durch das Verschweigen eine Situation vorgetäuscht wird, die nicht der Realität entspricht, von der mein Partner aber direkt betroffen ist? Je mehr dies der Fall ist, desto mehr spricht dafür, dass ich das Geheimnis lüfte, weil sonst eine für die Beziehung sehr destruktive Situation entsteht.

2. Oder – die zweite Möglichkeit: Gehört das Geheimnis wirklich nur zu mir und meiner Person und hat nichts mit dem Partner zu tun oder betrifft es ihn in keiner Weise? Je mehr ich dies so sehen kann, desto eher ist es sinnvoll und konstruktiv, vielleicht sogar notwendig, das Geheimnis zu wahren.

3. Wenn es mich drängt, ein Geheimnis zu lüften, aus welchen Gründen möchte ich das tun? Geschieht es aus schlechtem Gewissen? Will ich »beichten« und mir vom Anderen eine »Lossprechung« holen? Oder will ich es mitteilen, weil ich es nicht für mich behalten kann? Will ich die Verantwortung nicht allein tragen? Oder will ich es offenbaren, um damit »anzugeben«? Je mehr das der Fall ist, desto mehr spricht dafür, das Geheimnis zu wahren und selbst dafür Verantwortung zu übernehmen, anstatt den Anderen damit zu behelligen!
Die Antwort, die man also auf die eingangs gestellt Frage geben muss, ist wieder einmal salomonisch: Es kommt darauf an! Worauf es aber ankommt, das hoffe ich, durch die vorausgehenden Ausführungen deutlicher gemacht zu haben.

Wie viel Abhängigkeit voneinander verträgt die Liebe, wie viel Autonomie braucht sie?

Beobachtungen und Überlegungen

Abhängig sein in einer Beziehung heißt im Extrem: »Ich brauche dich, um leben zu können« – und: »Du bestimmst mein Leben«. Autonom sein dagegen bedeutet: »Ich bestimme mein Leben selbst« – und: »Ich brauche dich nicht, um leben zu können«. Es scheint also keine größeren Gegensätze zu geben als Autonomie und Abhängigkeit in Beziehungen. Und wahrscheinlich sind die meisten meiner Leser geneigt, als Ideal für Beziehungen eher die Autonomie zu sehen als die Abhängigkeit. Das war keineswegs immer so. Bis Ende der Fünzigerjahre des 20. Jahrhunderts war das Modell der Paarbeziehung eindeutig das einer wechselseitigen Abhängigkeit. Der Mann brauchte die Frau, die Frau den Mann, um leben zu können. Er war der Existenzerhalter, allein berufstätig und dadurch vor allem nach außen orientiert. So brauchte er auch eine Frau, die nach innen orientiert war, auf einen eigenen Beruf verzichtete und sich um sein Wohlergehen, die Beziehung, die Kinder und alles Übrige kümmerte. Dafür aber brauchte sie genauso dringend ihn, weil er ja das Geld für die materielle Existenz heimbrachte und für das Ansehen sorgte, das ihr und der ganzen Familie einen Platz in der Gesellschaft sicherte. In diesem Modell der Paarbeziehung war jeder auf den Anderen angewiesen, um leben, jedenfalls um gut leben zu können, und das hieß: Das eigene Leben wurde weitgehend vom Leben des Anderen bestimmt. Die Partner lebten in einer Symbiose, sie bildeten nur miteinander ein Ganzes. Jeder für sich genommen war nur eine »Teil-Person«: Sache des Mannes war die Rationalität, Sache der Frau die Emotionen, die des Mannes der Überlebenskampf, die der Frau Fürsorge und Geborgenheit. Der Mann hatte ziel- und sachorientiert zu sein, für die Frau standen Beziehung und das menschliche Miteinander im Vordergrund. Nur beide zusammen ergaben in diesem Modell den »ganzen Menschen«.

Durch verschiedene Einflüsse, die aufzuzählen hier zu weit führen würde, geriet dieses Modell in den Folgejahren, vor allem bei den »Achtundsechzigern«, in Misskredit. Seitdem wurde die Autonomie des Einzelnen ins Zentrum gerückt, und die Abhängigkeit vom Partner wurde als ganz und gar defizitäre, zumindest aber sehr unreife Form der Paarbeziehung beurteilt. Typisch für diese Haltung ist das sogenannte »Gestaltgebet« von Fritz Perls, dem Begründer der Gestalttherapie, in dem er das Beziehungsideal, das in dieser Zeit für viele wegweisend wurde, charakterisiert:

Ich bin ich – und du bist du.
Ich bin nicht auf der Welt, um so zu sein, wie du
mich haben willst.
Und du bist nicht auf der Welt, um so zu sein, wie ich
dich haben will.
Ich gehe meinen Weg,
und du gehst deinen Weg.
Wenn wir uns treffen,
wird es wunderschön sein.
Wenn nicht – kann man auch nichts machen.

Ins Zentrum rückt hier die »Stimmigkeit« für den Einzelnen. Wenn die Begegnung mit dem Anderen auch für mich »stimmig« ist, darf und soll sie sein. Wenn sich das ändert, gehen wir halt wieder auseinander. Sexuelle Treue und Verbindlichkeit in der Beziehung gibt es deshalb hier nur für den jetzigen Moment – als »Ereignis«, nicht als Projekt oder Zusage für die Zukunft. Denn ich weiß ja nicht, ob es in Zukunft auch noch stimmig ist – oder sich meine Situation und die Situation des Anderen so geändert hat, dass jetzt etwas anderes dran ist. Mich über den jetzigen Augenblick hinaus festzulegen oder mich gar von Anderen bestimmen zu lassen führt in die Selbstentfremdung. Das Ideal ist also der vollständig autonome Mensch, und Beziehung, auch Paarbeziehung, kann immer nur als Begegnung zweier autonomer Individuen im jetzigen Moment stattfinden. Dieses Autonomie-Ideal in Beziehungen hat in den folgenden Jahren vor allem das Bewusstsein der Menschen (vor allem der Mittelschicht) sehr stark bestimmt und dazu beigetragen, dass die Bereitschaft gewachsen ist, Beziehungen, in denen einer oder beide das Gefühl haben, nicht mehr in ihrer Individualität ausreichend zum Zug zu kommen, aufzulösen.

Was tut also der Liebe gut – Autonomie oder Abhängigkeit? Jeder kann sehen – und viele haben es auch an ihren Eltern erlebt –, dass das Symbiosemodell früherer Generationen durchaus Vorteile hatte. Ein klare Aufteilung der Funktionen – Vater verdient das Geld, Mutter kümmert sich um die Familie –, hat, wenn sie von allen Beteiligten akzeptiert und engagiert gelebt wird, nicht nur das Plus großer Klarheit. Sie schützt auch vor Überforderung und jeder weiß, wo sein Platz ist und was er da zu tun hat. Demgegenüber bringt das Autonomiemodell alles durcheinander, führt zu endlosen Abstimmungsdiskussionen und gefährdet vor allem die Stabilität in Beziehungen. Seit Ende der Fünfzigerjahre ist die Zahl der Ehescheidungen kontinuierlich gestiegen – mit allen Folgen, die wir nicht nur, aber vor allem auch für die Kinder aus diesen Beziehungen kennen. Andererseits dürften genauso viele Leser erlebt haben, dass auch das Abhängigkeits- oder Symbiosemodell große Nachteile hatte: überfürsorgliche Mütter, abwesende Väter, unbefriedigte Frauen, denen der Partner als lebendiges Gegenüber fehlte und die ihre Kinder zu Ersatzpartnern machten, Männer, die in ihrer Rationalität emotional verkümmerten, und Frauen, die ihr Potential zwischen Kochtöpfen und Waschkörben verkommen lassen mussten … Das Ideal der Achtundsechziger hat uns zweifellos zu Bewusstsein gebracht, dass das Streben nach Autonomie eines unserer Grundbedürfnisse ist, dass wir auf Entwicklung und Entfaltung unserer Fähigkeiten hin angelegt sind und dass wir uns nicht ungestraft mit so großen Einengungen unseres Potentials abfinden dürfen, wie sie das Symbiosemodell häufig verlangte.

Allerdings wird uns in letzter Zeit auch bewusst, dass das Autonomie-Ideal der Achtundsechziger leicht zur Überbetonung eines rücksichtslosen Individualismus führt. Vor allem das eigene Ich wird gesehen – und das Du nur dann, wenn es gerade zu mir und meinen Stimmungen passt. Dies aber widerspricht einem anderen menschlichen Grundbedürfnis, nämlich dem Grundbedürfnis der Bindung. Und hier wurde uns gerade in den letzten Jahren durch Säuglingsbeobachtung und durch die Bindungsforschung deutlich, dass wir das Bedürfnis nach autonomer Selbstentfaltung paradoxerweise nur dann einlösen können, wenn wir uns zunächst und grundlegend als sicher gebunden erfahren haben. Autonomie kann überhaupt nur aus sicherer Bindung erwachsen. Sie verkommt nur dann nicht zur Vereinsamung und Beziehungslosigkeit und damit zu einer Karikatur ihrer selbst, wenn sie in Beziehung, also »eingebunden« gelebt wird.

In Bindung leben, das bedeutet aber immer auch, Abhängigkeiten zu tolerieren. Eine Bindung in einer Paarbeziehung gehe ich ja ein, weil ich den Anderen liebe. Bindung und Liebe gehören hier zusammen. Wenn ich aber den Anderen liebe, kann ich nicht mehr tun, was mir gerade einfällt und was in diesem Moment für mich »stimmig« wäre, etwa mit einem Anderen schlafen, wenn mein Partner gerade verreist ist. Ich muss dann manchmal auf das eine oder andere auch um des Partners willen oder aufgrund einer bestimmten Lebenssituation verzichten. Das aber bedeutet, dass ich mich vom Anderen und von unserem Zusammenleben abhängig mache. Oder wenn wir gemeinsame Kinder haben, kann ich dann noch weniger tun, was mir gerade einfällt und in diesem Sinn für mich »stimmig« wäre. Ich bin dadurch Verpflichtungen eingegangen, die ich einhalten muss, ganz gleich, ob mir im Moment danach ist oder nicht. So bin ich auch von den Anderen, von Kindern, vom Partner, meiner Familie ein Stück weit abhängig geworden. In diesem Sinn bestimmen auch die Anderen – meine Kinder, mein Partner – mein Leben, und es wäre für mich auch sehr schwer, wenn nicht ganz unmöglich, mir vorzustellen, mein Leben ohne sie zu verbringen. Liebe schafft Bindung – und Bindung bedeutet auch Abhängigkeit. Besonders deutlich wird das, wenn beispielsweise mein Partner chronisch krank wird. Der Partner und seine Krankheit beginnen mein Leben sehr weitgehend zu bestimmen, ich fühle mich nicht mehr frei, zu gehen, wohin ich will. Die Liebe verlangt dann, dass ich auf vieles verzichte – und trotzdem ist es zutiefst »stimmig«!

Als Resümee aus den bisherigen Überlegungen ergibt sich für mich, dass Autonomie und Abhängigkeit in Beziehungen nicht in einem derart krassen Gegensatz zueinander stehen, wie es uns in den Entwicklungen der letzten 60 Jahre zunächst vorkam. Wie schon bei anderen Fragen dieses Buches läuft es wohl wieder auf das »richtige Mischungsverhältnis« hinaus. Aber worin besteht es? Mir ist das unlängst an einem Fall aus unserem Freundeskreis deutlich geworden, den ich – mit veränderten Daten – hier als Erläuterung des bisher Gesagten anfügen möchte: Stefan und Ruth sind ein Paar Mitte vierzig. Sie haben drei Kinder zwischen fünf und zehn Jahren. Beide sind Juristen und haben sich an der Universität kennen- und lieben gelernt, und zwar zu einem Zeitpunkt, als beide Universitätsassistenten waren und gerade an ihrer Habilitation schrieben. Weil sie Kinder wollten, entschlossen sie sich zur Heirat, und Ruth schied aus dem Beruf aus (es gab damals noch so gut wie keine Betreuungsmöglichkeit für kleine Kinder), während Stefan weitermachte, die Habilitation abschloss und eine Stelle als Dozent an der Universität antrat. So weit glich alles weitgehend dem klassischen Symbiosemodell. *Wie* die beiden aber dieses Modell lebten, das unterschied sich in vielen Punkten wesentlich von manchen Beispielen aus früheren Jahrzehnten. Ruth übernahm zwar die klassische Hausfrauen- und Mutterrolle, aber sie legte großen Wert darauf, immer wieder auch Kurse zur Weiterbildung in ihrem speziellen Fach zu belegen – auch im Hinblick auf eine eventuelle Rückkehr in ihren Beruf. Außerdem kamen beide überein, dass sich Stefan trotz großer Arbeitsbelastung auch für die Kinder zuständig fühlte: In der Zeit, die Ruth für ihre Weiterbildung beanspruchte, war es seine Aufgabe, für die Kinder zu sorgen, entweder selbst oder, wenn das nicht ging, indem er sich um eine Alternative kümmerte. Ruth war zudem sehr musikalisch. Sie ließ es sich deshalb auch nicht nehmen, ihre Begabung durch Mitwirkung in einem Streichquartett weiter zu pflegen. Stefan unterstützte dies – auch finanziell – nach Kräften. Außerdem sorgten beide dafür, dass es auch in der ganzen Hektik ihrer Familiensituation immer wieder Zeiten gab, die ihnen als Paar gehörten. Stefan wurde nicht zum einseitigen »Arbeitsmann« – ihm war seine Präsenz bei den Kindern und in der Paarbeziehung wichtig – und Ruth wurde nicht nur zur einseitigen »Familienfrau«, sie betrieb ganz bewusst ihre individuelle Weiterentwicklung, sowohl in ihrem Fach als auch in ihren musikalischen Interessen.

Das Zusammenleben des Paares wurde im weiteren Verlauf nochmals einer harten Prüfung unterzogen, denn es kam, wie es häufig in ähnlicher Weise kommt: Stefan erhielt einen Ruf als Professor an seinen »Traumlehrstuhl« an einer angesehenen Universität. Dies war mit einem Umzug in eine andere, beiden bis dahin fremde Stadt verbunden. Eigentlich wäre ja jetzt Ruth beruflich an der Reihe gewesen. Aber beiden war klar: Der Ruf an die Universität war für Stefan eine einmalige Chance. Hätten sie darauf verzichten können oder sollen? Sie taten es nicht. Im Gegenteil: Ruth ihrerseits ermutigte Stefan zuzusagen, und Stefan nahm diese Ermutigung dankbar an. Wieder sieht dies exakt so aus wie die logische Konsequenz aus dem alten Abhängigkeitsmodell. Das ist es aber, so wie diese beiden Partner das lebten und leben, nicht. Denn für Stefan ist Ruths Bereitschaft, ihn zu unterstützen, alles andere als selbstverständlich. Er bespricht alle seine Entscheidungen im Vorhinein immer mit ihr. Er ist sich der Nachteile für sie voll bewusst, und er fühlt sich deshalb verpflichtet, seine Frau – wo immer es geht – in ihren beruflichen und anderen Ambitionen zu unterstützen und sich um beider Beziehung und die Kinder zu kümmern. Aber Ruth vergisst sich auch selbst nicht, sondern setzt alles daran, bei jeder Verzichtleistung viel zu tun, um auch in ihrer individuellen Entwicklung weiter voranzukommen. Einerseits sind also beide abhängig voneinander, sie haben sich bewusst so dafür entschieden. Stefan könnte diese Familie nicht haben ohne den viel größeren Einsatz von Ruth für sie. Und Ruth könnte kein oder nur sehr wenig Geld verdienen, um sich und die Kinder zu ernähren. Beide haben bewusst gewählt, sich in diesem Sinn voneinander abhängig zu machen. Aber beide gestalten dieses Modell so, dass auch die andere Seite, die jeweilige Autonomie zum Tragen kommt: Stefan ist mutig und passt sich nicht einfach dem Klima hundertprozentiger Verfügbarkeit in seiner Fakultät an. Er grenzt sich ab, er wendet sich, wenn auch nur kurz, so doch regelmäßig von den Ansprüchen seines Berufs ab und erübrigt Paar- und Familienzeit für Ruth und die Kinder. Und Ruth achtet darauf, weder aus ihrem Fach völlig herauszufallen, noch ihre musikalischen Talente brachliegen zu lassen. So treffen beide immer wieder konkrete Entscheidungen im Alltag in Richtung Autonomie bei aller gegenseitigen Abhängigkeit, die sie in dieser Form akzeptiert haben und für die sie sich jeweils immer wieder neu entscheiden.

Auf den Punkt gebracht

1. Ein vollständig autonomes Leben in einer Paarbeziehung und in der Familie ist eine Illusion. Durch Liebe und Bindung machen wir uns auch voneinander abhängig, und ohne diese Abhängigkeit würde unsere Autonomie zu einer Karikatur ihrer selbst, sie führte zu Einsamkeit, Beziehungs- und Bindungslosigkeit.

2. Damit aber aus Bindung und Liebe keine *kindliche* Abhängigkeit vom Partner wird, bedarf es der beständigen

Achtsamkeit der Partner auf ihre Autonomie und eigenver-
antwortlichen Arbeitens am eigenen autonomen Lebens-
vollzug.

3. Beide Partner sollen darauf achten, dass ihr Leben nicht
nach dem alten und meist noch bei den eigenen Eltern
erlebten Modell der Symbiose und gemäß einer sehr ein-
geengten und einseitigen Ausprägung ihrer jeweiligen Persönlichkeiten (»Arbeitsmann« – »Familienfrau«) verläuft.
Auch wenn dieses frühere Modell von den äußeren Verhält-
nissen und Erwartungen her immer noch weitgehend vor-
gegeben ist, kann man heute deutliche Akzente auf eine
ganzheitlichere und autonome Persönlichkeitsentwicklung
hin setzen (siehe unser Beispiel von Ruth und Stefan).

4. Diese Arbeit an der eigenen Autonomie innerhalb der
wechselseitigen Bindung als Paar wird verhindern, dass aus
der bestehenden, unvermeidlichen Abhängigkeit beider vom
jeweils Anderen eine kindlich-unreife Abhängigkeit wird
oder dass diese Abhängigkeit kindlich-unreif bleibt. Wir
haben sie anfangs mit den Sätzen »Du bestimmst mein
Leben« und »Ich kann nicht ohne dich leben« beschrieben.
Abhängigkeit, wie sie auch zu einem reifen und autonomen
Erwachsenenleben gehört, wäre demgegenüber so zu um-
schreiben: »Ich lasse mein Leben bewusst zu einem Teil
von dir bestimmen«, und: »Ich will nicht ohne dich leben,
auch wenn ich – wenn es sein müsste – ohne dich leben
könnte«.

5. Der entscheidende Unterschied besteht also im »Nicht
anders wollen« statt »Nicht anders können«. Abhängigkeit
der letzteren Art schadet einer reifen Liebe, auch wenn es
natürlich immer auch solche Elemente in unserer partner-
schaftlichen Beziehung geben wird. Aber auf der Basis eines fortdauernden Bemühens um die Erhaltung und Ent-

wicklung der eigenen Autonomie kann daraus nach und nach ein »Ich will es so!« werden – und ohne diese freiwillige, gewählte Abhängigkeit ist wohl keine Liebesbeziehung zwischen zwei Partnern möglich.

Wenn wir als Paar Probleme bekommen:
Ab wann soll man – und soll man überhaupt – Dritte mit einbeziehen, um sich helfen zu lassen?

Beobachtungen und Überlegungen

Es gibt keine über längere Zeit gelebte Paarbeziehung, in der die beiden Partner nicht größere oder kleinere Probleme miteinander bekommen. Kritische Lebensereignisse und Lebensübergänge fordern die Bewältigungsstrategien der Partner heraus, und jeder geht die Sache anders an. Unterschiedliche Meinungen und Überzeugungen werden deutlich, kristallisieren sich erst im Laufe der Zeit heraus, stoßen aufeinander und führen zu Unverständnis, Missverständnissen, Ärger und Aggression. Auch die in der Anfangsphase häufig sehr ausgeprägte Achtsamkeit im Umgang miteinander lässt auf die Dauer nach, was zu Kränkungen und Enttäuschungen führt. Dass ein Paar Probleme hat oder auf die Dauer bekommt, ist sozusagen das Natürlichste von der Welt. Die Frage ist: Wie konstruktiv können die Partner damit umgehen? Wie kommen sie zu

Lösungen? Wie finden sie wieder zusammen? Vielen Paaren gelingt dies, aber häufig bleibt man auch stecken. Für viele Paare ist es nicht selbstverständlich, sich dann Hilfe von außen zu holen. Viele Paare geraten darüber sogar in einen neuen Konflikt: Der eine möchte sich helfen lassen, der andere will das auf keinen Fall, und so geraten beide auch über diese Angelegenheit miteinander in Streit.

Um zu einer Antwort auf die eingangs gestellte Frage zu kommen, möchte ich mich zuerst auf die Seite derer stellen, die dazu neigen oder auch entschlossen sind, keine Hilfe von außen in Anspruch zu nehmen. Was sind ihre – zum Teil durchaus sehr verständlichen – Gründe?

1. Ein erster wichtiger Grund ist wohl die Wahrung der Intimitätsgrenzen. Es soll nichts so Persönliches wie ein Beziehungskonflikt nach außen getragen werden. Dieses Anliegen verbindet sich gewiss oft mit dem Wunsch, nach außen eine schöne Fassade aufrechtzuerhalten. Aber abgesehen davon, dass es kein durchaus verwerfliches Anliegen ist, nach außen hin einen guten Eindruck zu machen, steckt oft wirklich das Bestreben dahinter, den Intimitätsraum des Paares zu schützen. Besonders gerechtfertigt erscheint mir dieses Anliegen, wenn der Partner die Neigung hat, Hilfe aus dem Freundeskreis oder aus der Verwandtschaft zu holen. Dies kann sehr leicht auf eine Grenzverletzung des »Paar-Raumes« hinauslaufen.

2. Wenn ein Dritter mit einbezogen wird, entsteht aus der Zweiergruppe (»Dyade«) des Paares vorübergehend eine Dreiergruppe (»Triade«). Dreiergruppen sind immer ziemlich komplizierte Gebilde, denn es ist schwierig, zu dritt in ausgeglichenem Kontakt zu bleiben. Leicht entsteht eine parteiische Zwei-zu-eins-Situation: Zwei sind zusammen, der oder die Dritte ist »draußen«. Gerade wenn es um Konflikte geht, hat oft vor allem derjenige Beteiligte große

Angst, der sich im Konflikt als Angeklagter fühlt: Der andere Partner könnte sich mit dem Helfer verbünden und ihm keine Möglichkeit mehr geben, auch seine Sicht der Dinge gebührend zur Geltung zu bringen – vor allem, wenn es sich bei dem ins Auge gefassten Helfer um eine Person aus dem Freundes-, Bekannten- oder Verwandtenkreis des Partners handelt. Hier liegt es ja nahe, dass ein Bündnis zwischen den einander Näherstehenden, vor allem den Blutsverwandten, zustande kommt, aus dem der Andere ausgeschlossen wird, und dieser wird dann zum Buhmann.

3. Diese Angst des einen Partners, der die Hilfe von außen nicht will, verbindet sich oft mit einer weiteren: Er befürchtet, der Unterlegene auch deshalb zu sein, weil er sich selbst in Beziehungsdingen oder »Psycho-Fragen« im Vergleich zu seinem Partner als der weniger Routinierte oder Sprachgewandte oder überhaupt als der weniger Intelligente oder Gebildete einschätzt. Auch das steckt zuweilen hinter seiner Ablehnung: Er befürchtet, bei den Hilfsmaßnahmen »unter die Räder« zu kommen, weil er gegenüber dem Partner und dem Helfer in eine aussichtslos unterlegene Position gerät.

Es gibt also durchaus oft sehr berechtigte Gründe, dem Drängen des Anderen, Helfer »von außen« für den Paarkonflikt heranzuziehen, skeptisch oder ablehnend gegenüberzustehen. Allerdings möchte ich zu bedenken geben: Paare können in eine Situation kommen, die es sehr ratsam erscheinen lässt, sich Hilfe von außen zu holen. Welche Situation habe ich hier vor Augen und warum braucht man dann wirklich Hilfe von außen?

Gehen wir von einem relativ einfachen Konflikt und dessen Entwicklung in einer Paarbeziehung aus: Frauke und Matthias sind ein junges Paar, sie haben einen kleinen Sohn von etwa drei Jahren. Beide sind engagierte Eltern, Matthias ist auch ein sehr engagierter Vater. Sie sprechen oft darüber, wie man mit dem Kleinen umgehen soll, der sich gerade jetzt mitten in der Trotzphase befindet. Dabei zeigt sich, dass sie oft sehr unterschiedlicher Meinung darüber sind, was richtig und was falsch ist. Anfangs können sie sich ein paar Mal einigermaßen einigen, aber immer öfter dauern die Auseinandersetzungen länger und sie werden schärfer, teils weil immer größere Unterschiede in den Erziehungsgrundsätzen deutlich werden, teils weil sich Frauke, die ja die meiste Zeit mit dem Kleinen verbringt, nicht immer von Matthias dreinreden lassen will. Der Streit eskaliert und eine Übereinkunft wird immer seltener möglich. Die Auseinandersetzungen enden entweder damit, dass der eine den anderen zwar gewähren lässt, aber zähneknirschend, oder dass sich beide voneinander zurückziehen und den Kontakt zueinander abbrechen. Beide erleben sich gegenseitig als stur und nicht bereit, sich auf die Argumente und Ansichten des Anderen einzulassen. Das viele Argumentieren macht es nur noch schlimmer.

Aus der anfänglichen Meinungsverschiedenheit wird ein *chronisches Problem*. Entweder der Streit flammt immer wieder auf, oder sie vermeiden das Thema, indem sie einander immer häufiger auch räumlich ausweichen. Sie reduzieren ihren Kontakt zueinander, was aber den Konflikt keineswegs löst, sondern nur die Distanz zum Partner vergrößert. Dazu kommt, dass sie sich inzwischen auch immer öfter in anderen Bereichen, nicht nur wegen der Kindererziehung, in die Haare geraten: Der eine sagt etwas oder tut etwas, der andere findet das falsch oder zumindest etwas anderes richtiger, und darüber geraten sie dann in die immer wieder gleiche Konfliktspirale. Sie bemühen sich – keine Frage, aber immer wieder passiert es ihnen, dass der Streit eskaliert.

Hier ist es nun an der Zeit, Hilfe von außen zu holen. Warum? Es entwickelt sich eine Dynamik, die wir hier schon öfter den »Teufelskreis« genannt haben: Je massiver der eine seinen Standpunkt vertritt, desto hartnäckiger »muss« der andere den seinen behaupten. Das führt zu immer bösartigeren gegenseitigen Abwertungen, zu mehr Lautstärke und Aggression. Der Vorsatz, sich nicht immer wieder hineinziehen zu lassen, nützt nichts, denn der Sog wird so stark, dass es doch immer wieder passiert. Auf diese Weise verhärten sich die Fronten, was entweder zu immer mehr Aggression gegeneinander führt (unter Umständen bis hin zu Handgreiflichkeiten) oder, um es nicht so weit kommen zu lassen, zu immer häufigerer Kontaktvermeidung (vgl. dazu auch die Antwort auf Frage 8, S. 79 ff.).

Hier stoßen wir auf ein allgemeines Gesetz in menschlichen Beziehungen, die Wechselwirkung. In unserem Beispiel haben wir die Wechselwirkung bei einer Streiteskalation geschildert. Es gibt aber noch andere Formen: Zum Beispiel will der eine Nähe, der andere aber Distanz. Und weil der eine immer Nähe will, meint der andere, immer auf Distanz gehen zu müssen. Und weil er immer wieder auf Distanz geht, »muss« der andere versuchen, nachdrücklicher Nähe einzufordern, denn er hat Angst, dass sonst gar nichts mehr zustande kommt … Oder: Der eine arbeitet »nur«, also »muss« sich der andere um die Familie kümmern. Aber weil der Berufstätige sich darauf verlassen kann, darf er seinem Arbeitsdrang umso mehr nachgeben, was wiederum den Partner veranlasst, wenn auch zähneknirschend, doch seine ganze Energie in die Familie zu stecken … Die geschilderte Wechselwirkung funktioniert nach dem Gesetz gegenseitiger Verstärkung: Je mehr du …, desto mehr muss ich … Dadurch entsteht ein Sog, der, je länger das Muster fortgesetzt wird, umso unausweichlicher wird. Diese Dynamik ist sehr häufig stärker als der noch so gute Wille der Partner. Sie kommen allein nicht mehr aus dieser Falle heraus. Sie brauchen jemanden, der »dazwischenkommt«, also einen Dritten, der diese Dynamik in einer guten Weise so »stört«, dass sie nicht mehr weiterlaufen kann.

Früher habe ich in diesem Zusammenhang das Bild von der Schallplatte gebraucht: »Wenn die Schallplatte immer an derselben Stelle stecken bleibt, zurückspringt und wieder stecken bleibt …« Die Paare wussten meist sofort, was damit gemeint war: dass es ein immer wiederkehrendes Problem der geschilderten Art gab, an dem sie immer wieder »hängen blieben«. Das muss keineswegs immer so dramatisch verlaufen wie die oben geschilderte Streiteskalation zwischen Frauke und Matthias. Aber das Gemeinsame ist jeweils diese Wechselwirkung mit ihrem Sog, dem sich die Partner nicht entziehen können. Hier braucht man den Dritten – der von außen kommt und nicht in diese Dynamik einbezogen ist –, um da herauszuhelfen. Natürlich erhebt sich hier sofort die Frage: Welchen Dritten? Darauf werde ich weiter unten noch eingehen.

So sehr also die Gründe des einen Partners, der sich nicht helfen lassen will, zu achten sind, so gibt es doch auch Situationen, die sehr dafür sprechen, trotzdem Hilfe von außen zu holen. Man hält ja auch eine sich verschlimmernde körperliche Krankheit nicht geheim, nur weil man Scheu hat, sie dem Helfer, in diesem Fall dem Arzt, zu offenbaren. Dabei ist darauf zu achten, dass die Gründe des Gegners oder Skeptikers mit berücksichtigt werden. Dies soll im Folgenden geschehen.

Auf den Punkt gebracht

1. So sehr es begrüßenswert ist und auch häufig geschieht, dass Paare ihre unvermeidlichen Probleme selbst lösen, so leicht kann es auch geschehen, dass sich trotz aller Bemühungen und trotz aller Kompetenz des Paares manche Probleme als »lösungsresistent« erweisen. Daran ist sehr oft nicht etwa Unfähigkeit oder Ungeschicklichkeit des

Paares schuld, sondern es ergibt sich aus der Schwierigkeit der Situation. In diesen Fällen ist es jedenfalls einen Versuch wert, Dritte als Helfer mit einzubeziehen.

2. Dabei sollte das Paar nicht zu lange warten. Denn hier gilt: Je länger an einem wichtigen Problem nichts getan wird, desto mehr chronifiziert es, wird schwerer lösbar oder gar unlösbar. Wenn man also merkt, dass diese Spirale in Gang kommt und dass wir uns an diesem oder jenem Punkt immer wieder festfahren, dann ist es an der Zeit, Hilfe von außen zu holen.

3. Zweifellos kann ein Gespräch mit Freunden oder Verwandten, wenn beide Partner ihnen vertrauen und damit einverstanden sind, eine erste Hilfe sein, der Abklärung dienen und den einen oder anderen nützlichen Hinweis bringen. Aber zur Unterstützung einer wirklichen Problemlösung eignet sich dieser Personenkreis nicht. Hier lauern die Gefahren, die im ersten Teil dieses Kapitels bereits als Befürchtungen der Hilfe-Skeptiker aufgeführt wurden: Vor allem die Zwei-zu-eins-Konstellation, in der einer der Partner zum Angeklagten wird, ist dabei kaum zu vermeiden, und dies führt nur zur weiteren Eskalation des Konflikts, vor allem dann, wenn der eine Partner mit den Klagen des anderen vor Dritten überrascht wird und nicht darauf vorbereitet ist. Nahestehende Personen in den Paarkonflikt hineinzuziehen bürdet diesen häufig zudem eine große Last auf. Nicht selten kommt es dann zu Parteiungen, und der Streit des Paares weitet sich damit in den Freundeskreis oder die Verwandtschaft hinein aus, statt geschlichtet zu werden.

4. Eine effektive, auf Problemlösung ausgerichtete Beratung ist nur bei professionellen Helfern zu suchen und zu finden. Das sind in der Hauptsache zum einen niedergelas-

sene Psychotherapeuten oder psychologische Berater, die zumindest als einen Schwerpunkt ihrer Arbeit auch Paartherapie oder Paarberatung ausweisen. Zum andern bieten zahlreiche psychologische Beratungsstellen Unterstützung an. Die fachliche Qualität der Mitarbeiter in diesen Institutionen ist in der Regel hoch. Sie haben eine mehrjährige Paarberatungsausbildung hinter sich und sind fortlaufend in Supervision und eigener Fortbildung. Der Vorteil dieser Beratungsstellen: Eine Paartherapie ist in Deutschland keine Kassenleistung, muss also bei niedergelassenen Therapeuten privat bezahlt werden. In den Beratungsstellen bezahlen die Hilfesuchenden entweder nichts oder nur einen geringen Eigenbeitrag.

5. Wie findet man aber den richtigen Berater oder die richtige Therapeutin? Neben den »objektiven« Kriterien (welche Ausbildung hat ein Berater oder Therapeut für die Arbeit mit Paaren?), nach denen man durchaus fragen darf, ist hier das subjektive Moment entscheidend: Bekommen wir als Paar (also beide Partner!) guten Kontakt zu ihm/ihr? Haben wir das Gefühl, er/sie ist unserem Problem »gewachsen«? Und fühlen wir uns beide in unseren Anliegen einerseits unterstützt, aber auch wohlwollend-kritisch hinterfragt? Ist er/sie zugleich »wohlwollend« und »unbestechlich«? Wenn beide diese Fragen positiv beantworten können, sind sie am richtigen Platz!

6. Und wie steht es mit dem Erfolg? Auf diese sehr verständliche Frage ist schwer zu antworten, denn der Erfolg hängt von vielen Faktoren ab: von der fachlichen Qualität der Beratenden; dem vertrauensvollen Kontakt, den die Partner zum Berater bekommen; von der Motivation und aktiven Mitarbeit eines jeden der beiden Partner; davon, wie schwierig das vorgebrachte Problem ist; davon, wie hochgesteckt oder realistisch die Ziele des Paares sind.

Außerdem: Was ist eigentlich »Erfolg«? Erfolg kann sein: Das Problem ist gelöst! Oder auch: Wir lernen, mit dem Problem besser zu leben, und geben uns mit dem, was wir haben, zufrieden! Oder aber: Wir lernen zu verstehen, dass sich in diesem Problem eine grundsätzliche Unverträglichkeit unserer beider Persönlichkeiten zeigt und dass wir uns darum besser trennen. Auch das kann ein Erfolg sein. Nicht selten ist das, was am Ende einer Beratung herauskommt, nicht das, was sich die Paare (und manchmal auch der Therapeut) vorgestellt haben, es ist aber trotzdem als Erfolg zu bezeichnen, weil die beiden Partner jetzt miteinander oder auch ohne einander besser leben können, als es ihnen vorher möglich war. Auf jeden Fall und vor allem anderen ist die Eigenmotivation und Eigenaktivität des Paares ein entscheidender Faktor, dass eine Beratung in irgendeiner der genannten Formen zum Erfolg wird.

Beruf und Familie in eine gute Balance bringen: Ist das heutzutage nicht bloßes Wunschdenken?

Beobachtungen und Überlegungen

Viele Frauen und Männer wollen das heute: Beruf und Familie in eine gute Balance bringen. Warum ist beides, wie die Eingangsfrage nahelegt, »aus der Balance« geraten? Bis in die Siebzigerjahre des 20. Jahrhunderts wurde es als richtig empfunden, wenn der Mann eine Anstellung hatte, in der er genug verdiente, sodass die Frau nicht arbeiten »musste«, sondern bei den Kindern zu Hause bleiben »konnte«. Möglicherweise hielt sie durch einen kleinen Nebenjob Kontakt zur Berufswelt, und je größer die Kinder wurden und je weniger sie die Mutter brauchten, desto mehr stieg sie – durchaus nicht immer, aber doch immer häufiger – wieder ins Berufsleben ein. Beim Mann änderte sich im Prinzip die ganze Zeit über nichts: Ob er kinderloser oder kinderreicher Ehemann war, ob seine Kinder im Säuglingsalter, Schulkinder oder schon flügge waren – er hatte zu arbeiten, war selten bis nie zu Hause, und die Frau hielt ihm, wenn sie eine brave Ehefrau war, vor allem anderen »den Rücken frei«. Auch die deutsche Familienpolitik seit den Fünfzigerjahren zielte darauf ab, dieses Modell für möglichst viele Familien realisierbar zu machen: durch Ehegattensplitting, durch gestaffeltes Kindergeld (das höchste in Europa!), geringere Entlohnung weiblicher Arbeit und dergleichen mehr. Dass beide Ehegatten, wenn sie Kinder hatten, arbeiten wollten oder mussten, das sollte möglichst verhindert, die weibliche Rolle der Nur-Hausfrau und Mutter möglichst attraktiv gemacht werden.

Dass trotz dieser Vorteile das alte Balance-Modell nicht mehr funktioniert, hat vielerlei Gründe:

- Die Frauen haben heute dieselbe qualifizierte Ausbildung wie die Männer und wollen diese auch in einem vollwertigen Beruf nutzen.
- Sie wollen in immer größerer Zahl außerdem ihr eigenes Geld verdienen, teils für ihre Eigenständigkeit, teils als vollwertigen Beitrag zum gemeinsamen Leben. Das Modell der Ehefrau, die dankbar zu ihrem Mann aufschaut, weil er das Geld »für alle« nach Hause bringt, und die im Übrigen in Haushalt und Kindererziehung aufgeht, ist für die meisten nicht mehr attraktiv. Sie fühlen sich dadurch abgewertet und in der Familienhierarchie in eine untergeordnete Position gedrängt.
- Kinder sind kein Frauenschicksal mehr. Seit Erfindung der Pille kann man die Kinderzahl so steuern, dass sie überschaubar bleibt und mehr Freiraum für eigene Aktivitäten lässt.
- Auch auf Seiten der Männer ist ein Veränderungsprozess in vollem Gange: Immer mehr Männer sind immer weniger daran interessiert, nur noch »Arbeitsmänner« zu sein. Sie wollen, wenn sie Kinder haben, auch präsente Väter und Partner sein.

Das heutige Balancemodell sieht dementsprechend für die große Mehrzahl junger Menschen so aus: Jeder der Partner, auch die Frau, hat einen vollwertigen Beruf und übt diesen auch aus. Beide, auch der Mann, fühlen sich für die Kinder und für die Beziehungsaspekte der Partnerschaft verantwortlich. Männer und Frauen teilen sich also Berufe und Familie. Es mag überaschend klingen, aber es ist so: Was im Handwerksbetrieb und im bäuerlichen Betrieb früherer Jahrhunderte selbstverständlich war, taucht als Modellvorstellung heuzutage wieder auf. Der große Unterschied besteht freilich darin, dass es damals keine Trennung von Arbeitsplatz und Familie gab, wie sie uns seit der Industrialisierung selbstverständlich geworden ist. In der vorindustriellen Gesellschaft fiel beides zusammen, beide Eltern waren den Tag über für die Kinder präsent, die Arbeit der Frauen war genauso überlebenswichtig wie die der Männer. Dieses Zusammenfallen von Arbeitsplatz und Familie gibt es in der heutigen Gesellschaft kaum mehr, das Auseinanderfallen ist die Regel. Diese Trennung von Arbeitsplatz und Familie ist dabei oft noch viel radikaler geworden, als sie es in früheren Jahren war: Sie erfordert häufig Auslandsaufenthalte und mehrmalige Veränderungen des Arbeitsplatzes in relativ kurzen zeitlichen Intervallen. Und hier liegt das Problem, das sich in unserer Anfangsfrage und der darin anklingenden resignativen Feststellung widerspiegelt: »Balance ist Wunschdenken«. Denn diese unter den heutigen Bedingungen zu erreichen, dafür wäre ein gewaltiges Umdenken und ein ebenfalls gewaltiger Umbau der gängigen Arbeitsorganisation erforderlich. Und da sind wir – trotz lobenswerter Bemühungen der Politik in den letzten Jahren – noch nicht sehr weit gekommen.

Was sind nun im Einzelnen die Gründe, die viele Menschen heute zu unserer skeptischen Anfangsfrage veranlassen (vgl. dazu Jellouschek 2006 b)?

1. Wohl sind derzeit gesellschaftliche Veränderungen im Gang, die auch etwas bewirken: Vor allem die Einführung der neuen Elternzeit, die mit einem besseren finanziellen Ausgleich ausgestattet ist und sich um zwei Monate verlängert, wenn auch der Partner einen Teil in Anspruch nimmt. Seither (2007) hat sich die Zahl der Väter, die Elternmonate in Anspruch nehmen, vervierfacht! In absoluten Zahlen ist dies immer noch recht wenig, aber gegenüber früheren Gewohnheiten ein gewaltiger Fortschritt. Die Bereitschaft ist also vorhanden, und es hängt auch, und zwar sehr weitgehend, von den Rahmenbedingungen ab, ob daraus Realität wird. Zu diesen gehört zum einen eine solche oder ähnliche Regelung der Elternzeit, die finanziell keine Nachteile bringt, die Männer ausdrücklich ermutigt und der Familie Vorteile einräumt, wenn sie Elternmonate nehmen. Eine weitere entscheidende Rahmenbedingung besteht in einer ausreichenden Zahl und Zugänglichkeit von ganztägigen Betreuungsplätzen für Kinder unter drei Jahren und für Schulkinder. Hier sieht es allerdings – trotz einiger Fortschritte und einiger Bemühungen auch hier in letzter Zeit – noch schlecht aus. In vielen Gebieten Deutschlands ist hier weithin Fehlanzeige. Ohne die Erfüllung *beider* Bedingungen ist es für viele Paare aber tatsächlich nur sehr schwer möglich, die dem heutigen Balance-Modell entsprechende Lebensform zu finden.

2. Viele Vorgesetzte in Behörden und Betrieben, vor allem diejenigen, die in der Hierarchie die höheren Positionen besetzen, sind trotz der »neuen« Familienplitik noch vollständig mit dem früheren Arbeit-Familie-Modell identifiziert. Für sie ist es klar, dass zumindest der Mann, der weiterkommen will, hundertprozentig für den Beruf da sein muss und deshalb eine Frau braucht, die ihm »den Rücken freihält«. Deshalb werden Männer, die ihr Engagement auf beides, auf Beruf und Familie, verteilen wollen, beruflich abgeschrie-

ben, lächerlich gemacht, mit beruflichem Abstieg bedroht. In der heutigen Zeit müsste es aber vor allem für Männer mit familiärem Engagement gerade Ermutigung und Unterstützung in dieser Richtung geben.

3. Was in Betrieben als Familienförderung ausgegeben wird, ist immer fast ausschließlich Frauenförderung. Im Vergleich finden Frauen, die berufstätig sein wollen und zugleich Kinder haben, mehr Verständnis. Angebote, die sich explizit an Männer richten, gibt es kaum, und Männer, die alle vorhandenen Möglichkeiten auch für sich nutzen, stoßen auf Abwehr und Unverständnis.

4. Man geht außerdem in Betrieben meist davon aus, dass Frauen, die wegen ihrer Kinder solche familienfördernden Maßnahmen in Anspruch nehmen (Elternzeit, Teilzeitregelungen, Heimarbeit usw.), ohnehin keine Karriere anstreben und sich beruflich eher mit einem »Lückenbüßerdasein« zufriedengeben. Darum scheint es in der allgemeinen Einschätzung von vornherein klar zu sein, dass Männer, falls sie solche Regelungen in Anspruch nehmen, auf eine weiterführende berufliche Laufbahn verzichten.

5. Dies hat zur Folge, dass solche Männer auch von Kollegen eher als »Softies« oder gar Pantoffelhelden verspottet werden – ausdrücklich oder hinter vorgehaltener Hand.

6. Dazu kommt noch, dass in Deutschland für höhere Bildungsgrade die Ausbildungszeiten unüberschaubar lang geworden sind. Bis man einen Abschluss und eine einigermaßen sichere Anstellung hat und schließlich daran denken kann, eine Familie zu gründen, sind viele Ende zwanzig, öfter noch Anfang bis Mitte dreißig. Das wirkt sich vor allem für Frauen sehr ungünstig aus, weil sie deshalb dann oft in das Dilemma »Beruf *oder* Familie« geraten oder in ihrem

Lebensalter kaum noch eine Chance haben, Kinder zu bekommen. Die Gliederung unserer Ausbildungsgänge in Grund-, Bachelor- und Masterstudium, wie sie sich auch in Deutschland immer mehr einbürgert, weist in die richtige Richtung. Danach müsste sich aber auch der Arbeitsmarkt mit seinen Stellenangeboten und -beschreibungen richten, die einen früheren Arbeitseinstieg und einen flexibleren Wechsel von Berufs-, Weiterbildungs- und Familienphasen zu ermöglichen hätten.

Unsere gesellschaftlichen Strukturen sind – trotz der vielversprechenden Ansätze in der letzten Zeit – noch stark vom Familienmodell »Arbeitsmann – Familienfrau« bestimmt. Davon wird auch die Mentalität vieler Menschen, vor allem älterer Vorgesetzter und konservativer Politiker, geprägt, die damit auch eine Atmosphäre schaffen, die alles andere als ermutigend im Hinblick auf das Ansinnen ist, das Modell der »neuen Balance« einigermaßen umfassend und gut zu realisieren. Diese Tatsachen lässt die Skepsis, die in unserer Anfangsfrage enthalten ist, als sehr begründet erscheinen.

Lautet also die Antwort darauf schlicht: Ja, so ist es, Familie und Beruf in eine gute Balance zu bringen, ist tatsächlich reines Wunschdenken? Nein! Meine Antwort lautet: Es ist schwierig, nach wie vor, aber es ist nicht unmöglich, wichtige Schritte schon heute in diese Richtung zu tun. Paare, die unter den heutigen Bedingungen eine gute Balance von Beruf und Familie realisieren möchten, sollen sich nicht entmutigen lassen: nicht nur, weil sich die Rahmenbedingungen in eine dafür günstige Richtung tatsächlich schon Stück für Stück verändern, sondern vor allem auch, weil es für den Einzelnen und für das einzelne Paar durchaus Möglichkeiten gibt, ganz konkrete Schritte in diese Richtung zu wagen. In vielen Berufen ist sicher die Idealvorstellung nicht oder noch nicht zu realisieren, aber mehr, als viele sich zutrauen, kann durchaus erreicht werden. Was dazu schon heute möglich und was nötig ist, möchte ich im folgenden Abschnitt kurz in »Merksätze« für die Paare zusammenfassen. Wir sind ja der Problematik schon im Zusammenhang mit den Fragen 12 und 14 begegnet, und ich verweise auch auf die dortigen Ausführungen (S. 115 ff. und S. 131 ff.).

Auf den Punkt gebracht

Ich wende mich im Folgenden direkt an die Paare:

1. Sprecht immer wieder über »euer« Balancemodell und diskutiert es miteinander, damit ihr euer Ziel nicht aus den Augen verliert. Dieses euer Modell muss ja keineswegs ein »50-zu-50-Modell« sein, vielmehr soll es *euren* Wünschen für *euren* Lebensentwurf entsprechen. Wenn ihr euch darauf immer wieder besinnt, habt ihr die Möglichkeit, Steuerung und Korrekturen in die richtige Richtung vorzunehmen, auch wenn ihr dieses Ziel jetzt durch die Umstände, die dem entgegenstehen, noch nicht ganz realisieren könnt.

2. Seid euch bewusst, dass derzeit noch immer die beiden sehr gegensätzlichen Balancemodelle aufeinanderstoßen: das Modell »Arbeitsmann und Familienfrau«, das von unserer Tradition her noch in vielen Köpfen herumgeistert und in vielen gesellschaftlichen Strukturen festgeschrieben ist, und das Modell »Beides für beide«, das unserem heutigen Ideal entspricht. Das aber heißt, dass es objektiv schwierig ist, dieses neue Modell zu verwirklichen. Nehmt das zur Kenntnis, und macht es euch nicht gegenseitig zum Vorwurf, wenn ihr noch nicht da angekommen seid, wo ihr eigentlich hinwollt.

3. Hinzu kommt, dass auch ihr beide noch die alten Bilder »Arbeitsmann und Familienfrau« von euren Eltern her in

euch tragt. Solche Eltern-Modelle beeinflussen unser Verhalten aus dem Unbewussten heraus, und es ist schwer, sich von heute auf morgen davon zu befreien. Deshalb ist es auch kein Wunder, wenn du dich als Ehemann vielleicht dabei ertappst, dass es schon die Frau sein wird, die den Tisch abräumt, und du als Ehefrau und Mutter sofort ein schlechtes Gewissen bekommst, wenn die Teller noch auf dem Tisch sind.

4. Seid also bereit zu Kompromissen zwischen dem, was ihr als Ideal anstrebt, und dem, was wegen der beruflichen und gesellschaftlichen Situation sowie eigener, bisher nicht überwundener Einstellungen vorerst noch nicht zu erreichen ist.

5. Unterstützt euch aber gegenseitig auf eurem Weg zu eurer Balance: Männer, würdigt die Bemühungen der Frauen, in ihrem Beruf zu bleiben oder wieder einzusteigen, und entlastet sie dafür durch eigenen Einsatz im Haushalt und für die Kinder; Frauen, erkennt das familiäre Engagement der Männer und ihre spezielle Art, mit Haushalt und Kindern umzugehen, an, statt daran herumzukritisieren, wenn es nicht so ist, wie ihr es gewohnt seid. Also: Wechselseitige Unterstüzung und Anerkennung für berufliches und familiäres Engagement anstatt Kritik!

6. Habt Mut zur Abgrenzung: die Männer vor allem im Beruf gegenüber Kollegen, Mitarbeitern und Vorgesetzten: Abgrenzung hinsichtlich beruflicher Überbeanspruchung und Zurückweisung unzumutbarer Forderungen, und beide – Frauen wie Männer – gegenüber den Kindern hinsichtlich einer Überbeanspruchung durch sie. Kinder haben ein feines Gespür für ein schlechtes Gewissen bei Erwachsenen und ein großes Talent, dieses für sich »auszuschlachten«!

7. Männer, die sich mehr für ihre Familien engagieren wollen, sollten sich untereinander mehr solidarisieren, sich also zusammentun und immer wieder darüber austauschen, was möglich ist, sich gegenseitig ermutigen und von wechselseitigen Erfahrungen profitieren!

8. Sichtbar anwesende, präsente Väter sind für ein gutes Aufwachsen der Kinder viel wichtiger als bis vor kurzem angenommen. Mädchen und Jungen müssen für die Entwicklung ihrer eigenen Identität beides erleben: das Väterlich-Männliche und das Mütterlich-Weibliche. Speziell für Jungen ist ein anwesender Vater sehr wichtig. Vieles von deren häufigem Fehlverhalten (mangelnde Disziplin, schlechter Lernerfolg, Drogen …) ist auch darauf zurückzuführen, dass sie zu wenig konkreten Halt an einem präsenten Vater erlebt haben.

9. Mehr Fremdbetreuung auch in jüngerem Alter schadet den Kindern nicht. Es ist gut für sie, in anderen Betreuungspersonen Alternativen zu den Eltern zu erleben. Und es bringt sie in ihrer Sozialkompetenz voran, wenn sie einen Teil ihrer Zeit in Gruppen von Gleichaltrigen verbringen. Eine zufriedene Mutter ab 16 Uhr ist für sie besser als eine genervte 24 Stunden lang! In Deutschland grassiert ein weitverbreitetes »Übermutter-Ideal«, das den Kindern später nur Ablösungsprobleme bereitet!

10. Überall in Europa, wo Frauen zu einem größeren Prozentsatz arbeiten als in Deutschland, kommen auch mehr Kinder auf die Welt als in Deutschland. Also scheint Frauenarbeit (und die entsprechende Infrastruktur dazu, also »Betreuungseinrichtungen«) familienfreundlich zu sein!

11. Falls Unsicherheit über die Stabilität der Beziehung euch oder einen von beiden daran hindert, sich für Kinder

zu entscheiden: Absolute Sicherheit gibt es in solchen sehr persönlichen Fragen, wie es die Haltbarkeit einer Beziehung ist, grundsätzlich nicht! Man braucht also ein wenig Mut zum Risiko! Und sollte die Beziehung auseinandergehen: Auch dann gibt es Wege, die für alle Beteiligten, auch für die Kinder, wieder ein gutes Leben ermöglichen!

12. Wie immer euer Balance-Modell derzeit aussieht: Die Frau sollte auf jeden Fall dafür sorgen, dass ihr »beruflicher Faden« nicht vollständig abreißt (durch Weiterbildung, Teilzeitbeschäftigung und dergleichen). Und wenn sie immer wieder zögert, beruflich wieder einzusteigen, sollte sie sich prüfen: Wieweit hat dies tatsächlich »objektive« Gründe (»Die Kinder brauchen mich noch!«) – oder wieweit ist es die Angst vor dem Wiedereinstieg aus mangelndem Zutrauen zu sich selbst?

13. Auch wenn sich die Frau gegen die Ausübung ihres Berufs entscheidet – aus welchen Gründen auch immer: Sie soll viel tun für die Entfaltung und Entwicklung ihrer Persönlichkeit. Wenn sie ein »Heimchen am Herd«, eine »Mutterfrau« wird, die nur noch in einer Mütter-Kinder-Welt lebt und keinen Zugang mehr zu ihrem Frau-Sein hat, gefährdet sie dadurch ihre Beziehung, weil sie immer unattraktiver für ihren Mann wird.

14. Paare, die sich gegen Kinder entscheiden, weil sie sich die »Beruf-Familie-Balance« nicht zutrauen und meinen, besser nur als Paar zurechtzukommen, sollten sich bewusst sein: Sie verzichten damit auf ein großes Stück Lebensqualität. Denn Kinder bereichern mit ihrer Art, zu leben und aufzuwachsen, das Leben sehr, auch wenn sie natürlich ebenfalls Mühe und Last bedeuten.

15. Entscheidend für eure Balance *Familie – Beruf* ist letztlich: Gelingt es euch als Paar, euch wechselseitig aus ganzem Herzen immer wieder zu unterstützen, persönliche Anerkennung zu zeigen und immer wieder füreinander da zu sein (anstatt sich gegenseitig allein zu lassen, einander zu kritisieren und die Schuld zuzuschieben)? Wenn euch das gelingt, lässt euch das zeitweise auch gewisse Unbalanciertheiten aushalten!

Wie ist Versöhnung nach schwerer Verletzung durch den Partner möglich?

Beobachtungen und Überlegungen

Was als schwere Verletzung in der Partnerschaft zwischen Frau und Mann empfunden wird, ist in verschiedenen Epochen und Kulturen unterschiedlich. Heutzutage und hierzulande sind es wohl Handlungen und Unterlassungen der folgenden Art:

- körperliche Attacken auf den Partner, also Gewalt, Schläge, Feiheitsberaubung;
- massive Rücksichtslosigkeiten in kritischen und sensiblen Situationen des Partners, wie zum Beispiel, wenn der Mann mit seinen Kumpels zum Saufen loszieht, während bei der Frau gerade die Wehen zu ihrer ersten Geburt einsetzen, oder wenn die Frau immer zu ihrem Vater hält, wenn es Auseinandersetzungen mit ihrem Mann gibt;

● und natürlich: alle Formen von Untreue und Fremdgehen, vor allem, wenn drum herum noch gelogen und abgeleugnet wird.

Freilich muss man schon hier sagen, was uns auch später noch beschäftigen wird: Die Schwere einer solchen Verletzung hängt nicht nur von der »objektiven« Massivität des Handelns oder Unterlassens ab. Sie hängt auch damit zusammen, wie verletzlich der verletzte Partner ist. Der eine steckt dies oder das leichter weg, der andere fühlt sich davon stark betroffen. Hier spielen Sensibilität, Vorerfahrungen und eigener familiärer Hintergrund eine große Rolle. Zunächst habe ich aber in meinen Ausführungen ähnlich massive Dinge wie die eben erwähnten vor Augen, von denen sich wohl die meisten Menschen, wenn sie ihnen widerfahren, heutzutage und in unserem Kulturkreis sehr verletzt fühlen.

Solche Handlungen hinterlassen, ob sie nun bewusst verletzend gemeint waren oder unbedacht und aus Unvermögen geschehen sind, meist tiefe Wunden in der Seele des Partners. Und das Fatale ist, dass sie nicht einfach wieder ungeschehen gemacht werden können, so sehr es sich vielleicht Opfer wie auch Täter wünschen. Wenn Derartiges nicht Anlass zu einer Trennung wird, weil der Verletzte mit dem Verletzer weiter zusammenleben will, entsteht oft folgende fatale Situation: Opfer oder auch Täter sprechen die Verletzung, nachdem sie geschehen ist, vielleicht sogar an, weil sie darüber hinwegkommen wollen. Aber meist verwickeln sie sich dabei schnell in ein Hin und Her von Angriff und Verteidigung, von Anschuldigung und Rechtfertigungen. Statt die Sache wieder »in Ordnung« zu bringen, geschehen dadurch nur neue Verletzungen, die früheren Wunden werden wieder aufgerissen und schmerzen wieder wie früher. Darum lässt man diese Art von Bewältigungsversuch mit der Zeit sein und verstummt immer nachhaltiger, jedenfalls was dieses Thema angeht. Aber es ist eben ähnlich wie mit einer Wunde, die nicht gut versorgt ist: Unter dem Verband schwärt sie weiter, wird schlimmer, infiziert sich. Und wenn der Partner, wenn auch unabsichtlich, daran stößt, tut es von neuem weh, sogar ärger als zuvor, und der Verletzer wird deshalb – und oft noch wegen vieler anderer »Untaten«, die dazugekommen sind – erst recht niedergemacht, und alles ist schlimmer als vorher. Darum achtet man immer mehr darauf, nur nicht wieder an die Wunde zu rühren oder rühren zu lassen. Aber das ist nur möglich, wenn man immer mehr auf Distanz zueinander geht. Die Lebendigkeit der Beziehung verschwindet, die Partner werden zu zwei Fremden, die unter einem Dach leben, aber kilometerweit voneinander entfernt sind. So ist die Sehnsucht nach Versöhnung sehr verständlich und sehr angemessen, und gleichzeitig ist es, wenn die Wunde zu tief ist, genauso verständlich, dass das sehr schwer zu bewerkstelligen ist.

Zu dieser ersten noch eine zweite Überlegung: Wenn es um das Thema »Verletzung« geht, kommen wir um die Frage der Schuld nicht herum. Der Verletzte empfindet, dass der Andere durch sein Tun oder Unterlassen an ihm schuldig geworden ist. Deshalb gibt es keine Versöhnung, wenn der Verletzte dem, der ihn verletzt hat, nicht diese Schuld verzeiht. Denn es handelt sich ja hier um keine Geschäfts-, sondern um eine Liebesbeziehung. In einer Geschäftsbeziehung kommt der Schuldner mit dem Gläubiger dann wieder »in Ordnung«, wenn er seine Schuld beglichen hat. Aber wie sollte jemand die Schuld in oder an einer Liebesbeziehung begleichen? Er kann versuchen, sich den Verletzten durch alle möglichen Bemühungen und Wohltaten wieder gewogen zu stimmen, aber ein wirklicher Ausgleich ist das nicht. Da es sich um eine Liebesbeziehung handelt, gibt es einen »Ausgleich« nur, wenn derjenige, der sich verletzt fühlt, diese Verletzung dem, der sie ihm angetan hat, verzeiht. Verzeihung ist also ein autonomer Akt des Verletzten. Gewiss kann der Verletzer einiges tun, um ihm diesen zu erleichtern, aber im Grunde bleibt er auf das Verzeihen des Verletzten angewiesen und ist deshalb in dieser Hinsicht tatsächlich ohnmächtig. Der Verletzte allein kann den Schritt des Verzeihens tun. Er kann und muss sich entscheiden, dem Anderen sein Tun oder Lassen nicht mehr nachzutragen, die Opferposition und die damit zusammenhängenden Rachegefühle aufzugeben und den Anderen nicht mehr mit inneren oder nach außen gerichteten Hassgefühlen zu verfolgen (vgl. Jellouschek 2008 b).

Es kommt noch etwas Drittes hinzu, was die Sache nicht einfacher macht. Versöhnung setzt Verzeihen voraus, ist aber mit dem Verzeihen allein noch nicht erreicht. Versöhnung ist ein eigener, weiterer Schritt, der die Beziehung erst wiederherstellt oder neu ermöglicht. Dieser Schritt ist mit dem Verzeihen allein noch nicht notwendigerweise getan. Es kann sein, dass derjenige, der verletzt wurde, dem Anderen die Verletzung verzeiht, aber eine Liebesbeziehung ist ihm trotzdem nicht mehr möglich. Zum Beispiel kann eine Frau, die sich wegen der Untreue ihres Mannes von diesem getrennt hat, nach einiger Zeit diesem die Untreue verzeihen. Das heißt, sie trägt es ihm nicht mehr nach, sieht sich nicht mehr in einer Opferposition und hört auf, ihn mit Hass- und Rachegefühlen zu verfolgen. Damit wird es ihr zwar möglich – zum Beispiel im Hinblick auf die gemeinsamen Kinder – mit dem Mann wieder konstruktiv zu kooperieren, aber sie kann sich trotzdem nicht mehr vorstellen, mit ihm je noch eine intime Partnerschaft zu leben, selbst dann nicht, wenn er von seiner Seite aus zurückkehren möchte und sich von seiner Geliebten getrennt hat. Natürlich ist Verzeihen die Voraussetzung für Versöhnung – aber zustande gebracht ist diese dadurch allein noch nicht. Es bedarf dafür des Willens zu einem Neuanfang in der Beziehung und konkreter Schritte von beiden Seiten.

Damit dies möglich wird, sind allerdings auch wesentliche Beiträge von Seiten des Verletzers erforderlich. Worin bestehen diese? Hier beginnt nun das Thema »Schuld« auch für den »Täter« aktuell zu werden. Womit der Täter eine Versöhnung häufig sehr schwermacht, ist der Versuch, sich herauszureden: »Ja, aber das war doch gar nicht so gemeint …«, »Aber du hast mich da missverstanden …«, »Aber ich wollte damit doch etwas ganz anderes …« Oder noch schlimmer: »Ja, aber das kam so, weil du damals doch auch …« – also der Versuch, dem Anderen ebenfalls Verantwortung für die Verletzung zu- und von sich »Schuld« wegzuschieben. Was damit fast mit Notwendigkeit in Gang gesetzt wird, ist die hier schon mehrfach beschriebene Eskalation, die wie ein Teufelskreis die Situation nur noch schlimmer und ein neues Aufeinander-Zugehen immer schwieriger macht.

Positiv gewendet heißt das: Die erste, ganz wesentliche Aufgabe des Verletzers ist es, zuzugeben, dass er etwas getan hat, das den Anderen verletzte. Dies gilt auch dann, wenn er etwas anderes gewollt hat, wenn ein Missverständnis eine Rolle spielt und wenn der Andere auch verletzend gehandelt hat. Das alles kann ja der Fall sein. Trotzdem ist es für eine Versöhnung unumgänglich, dass ich die Verantwortung für mein Handeln auf mich nehme, und das heißt: Schuld anerkenne, auch wenn es nicht beabsichtigt war, auch wenn es aus einem Missverständnis heraus geschah, auch wenn der Andere mir ebenfalls etwas angetan hat. Dies kann ja in späteren Gesprächen auch noch zum Thema gemacht werden, aber wenn ich es immer gegen das Gefühl der Kränkung beim Anderen ins Feld führe, hat es nur die Funktion, die eigene Verantwortung für mein verletzendes Tun oder Lassen von mir zu schieben. Damit aber blockiere ich die Möglichkeit einer Aussöhnung, weil ich dem Anderen damit den Zugang zu mir versperre und ihn nur wieder in eine Gegenangriffsposition bringe. Schuldig werden wir an unseren Partnern nicht nur, wenn wir etwas mit vollem Wissen oder aus freiem Willen tun, sondern auch durch Unachtsamkeit, Unverständnis, aber auch durch eigene Begrenztheit, ja auch eigenes Unvermögen. Und dies im konkreten Fall einzugestehen (»Ja, ich habe dich da verletzt!«), das ist ein wesentlicher Schritt des Verletzers zur Versöhnung.

Der zweite Beitrag von Seiten des Verletzers besteht darin, dass er sein Bedauern zum Ausdruck bringt und den Verletzten um Verzeihung bittet. Genauso wie das Eingeständnis der Schuld ist dies gewissermaßen auch ein Akt der Demut, eine Tugend, die heutzutage in keinem guten Ruf steht. Wir bringen damit zum Ausdruck, dass wir in der Liebesbeziehung auf den Anderen angewiesen sind und es nicht in der Hand haben, diese wiederherzustellen, sondern dafür den Anderen brauchen.

Damit Versöhnung nach Verletzungen eine Chance bekommt, braucht man also beides: die Bereitschaft und den Entschluss des Verletzten, zu verzeihen, und das Eingeständnis und die Bitte um Verzeihung von Seiten des Verletzers. Vor allem dann, wenn es um schon weiter zurückliegende Verletzungen geht, besteht die Schwierigkeit darin, dass häufig beide einander verletzt haben, was dem »Ja, aber auch du …« in der Auseinandersetzung ständig neue Nahrung gibt und zu nichts führt. Wenn *beide* einander verletzt haben und dies bereinigen wollen, müssen sie imstande sein, diese Dinge nicht ständig gegeneinander aufzurechnen, sondern zuerst die Verletzung des einen und dann die des anderen zu behandeln, und sie dürfen beides nicht ständig miteinander vermischen. Das ist schwierig und erfordert wahrscheinlich professionelle Hilfe durch einen »Dritten«, einen Berater.

Noch ein weiterer Hinweis zum Versöhnungsprozess scheint mir wichtig. Die Bereitschaft zu verzeihen und die

Bereitschaft, etwas einzugestehen und um Verzeihung zu bitten, wird natürlich durch ein besseres wechselseitiges Verstehen der Situation erleichtert, in der sich der Andere befand, als die Verletzung geschah. Beide brauchen also, Täter wie Opfer, das, was man »Perspektivenwechsel« nennen könnte. Ich wechsle von meiner Perspektive in die Perspektive des Anderen. Das heißt: Ich als der Verletzte betrachte die Situation, in der mir die Verletzung zugefügt wurde, aus der Blickrichtung des verletzenden Partners, und ich, von dem sich mein Partner verletzt fühlt, betrachte die Situation aus dessen Perspektive. Und wenn mir das nicht gelingt, bitte ich den Partner, mir seine Situation, in der die Verletzung geschah, nochmals zu erklären und deutlich zu machen. Ein Beispiel: In einer Situation, in der sich Brigitte wieder einmal zu viele Dinge vorgenommen hat und das alles fast nicht mehr bewältigt, sagt Arno zu ihr: »Du bist ja auch verrückt, dir so viel aufzuladen!« – und merkt, dass Brigitte zusammenzuckt und sich beleidigt von ihm abwendet. Arno versteht diese Reaktion nicht und fragt nach einiger Zeit: »Was hat dich da vorhin so getroffen?« Er erfährt von Brigitte, dass dieser Ausdruck »verrückt« aufgrund ihrer Erfahrungen in ihrer Herkunftsfamilie besonders belastet ist: Ihre Schwester wurde tatsächlich »verrückt«: Sie hatte mit 18 Jahren einen schlimmen schizophrenen Schub, musste in die Klinik gebracht werden und leidet seither an dieser psychischen Krankheit. Schon öfter hat Brigitte zudem in Situationen, in denen sie Verschiedenes nicht mehr auf die Reihe brachte, überlegt, ob sie vielleicht auch eine »Schlagseite« in dieser Richtung haben könnte. Da hat sie Arnos Ausspruch, dieses »verrückt«, direkt ins Mark getroffen. Für Arno hingegen war das nur eine einfach so dahingesagte Redewendung ohne besondere Bedeutung. Das sehen beide jetzt ein, und Arno kann sagen: »Du, jetzt verstehe ich deine Reaktion, und das tut mir wirklich leid, dass ich dich damit verletzt habe!« Und Brigitte kann sagen: »Ich bin froh, dass du das verstehen kannst, und für mich ist das jetzt auch wieder in Ordnung!« – In diesem kleinen Beispiel wird zweierlei deutlich: Erstens *entschuldigt* der Verstehensprozess noch nicht die Verletzung. Darum ist es angemessen, dass Arno sich für die Verletzung auch entschuldigt, obwohl er sie überhaupt nicht beabsichtigte. Zweitens ist aber das Verstehen – in unserem Fall der unterschiedlichen Bedeutung des Ausdrucks »verrückt«– eine große Hilfe, die zwischen den Partnern entstandene Verletzung wieder aus der Welt zu schaffen.

Die Perspektive des Partners schließt – wie ebenfalls in unserem kleinen Beispiel deutlich wird – oft auch dessen Vergangenheit mit ein. Eine »überempfindliche« Reaktion, wie Brigitte sie zeigte, wird verständlich, sobald Arno versteht, dass hier etwas »angerührt« wird, das mit ihrer Vergangenheit zusammenhängt. Wenn wir dies erkennen, gewinnen wir ein wenig Abstand dazu und können das Verhalten des Partners relativieren oder wir können auf den Partner speziell bei diesem Thema in Zukunft Rücksicht nehmen und vorsichtig mit seinem »wunden Punkt« umgehen. Freilich setzt das voraus, dass wir die »wunden Punkte«, die wir in die Beziehung mitbringen, kennen oder uns bemühen, sie im Laufe der Zeit noch besser kennenzulernen. Dies ist vor allem auch die Aufgabe des Partners, der sich ziemlich häufig und immer wieder verletzt fühlt. Er sollte sich fragen: Was hat es mit mir zu tun, dass ich so leicht verletzt bin? Ist es wirklich nur die Unachtsamkeit meines Partners, oder gibt es da übermäßig »wunde Punkte« bei mir, die mit seinem Verhalten nur wenig zu tun haben, sondern vor allem mit mir und mit meiner Vergangenheit zusammenhängen? Wenn dies zutrifft, dann ist es ganz wichtig, dass ich dafür selbst die Verantwortung übernehme und – eventuell in einer Psychotherapie – dafür sorge, dass diese früheren Wunden geheilt werden.

Auf den Punkt gebracht

1. Versöhnung erfordert die Entscheidung und das Handeln beider Partner, sowohl des Verletzten als auch des Verletzers. Der Verletzte braucht den Willen und den Entschluss zum Verzeihen, also den Verzicht darauf, dem Anderen die Sache noch weiter »nachzutragen«. Der Verletzer braucht die Bereitschaft und den Entschluss, die Verletzung einzugestehen und den Anderen um Verzeihung zu bitten, ob sein Tun oder Lassen nun mit voller Absicht geschah oder nicht.

2. Versöhnung erfordert weiter den Entschluss beider Partner, wieder neu aufeinander zuzugehen und einen Neuanfang in der Beziehung zu wagen. Denn, wie schon gesagt: Verletzungen zu verzeihen ist die Voraussetzung für Versöhnung, es ist aber nur der erste Schritt dazu.

3. Beides muss in einem ausdrücklichen Prozess vollzogen werden, mit Worten und Handlungen, wie zum Beispiel: »Damals war ich wirklich sehr verletzt!« – »Ja, ich kann das nachvollziehen, dass ich dich damit verletzt habe. Es tut mir leid – bitte, verzeih mir!« – »Gut, ich nehme dir das ab. Ich verzeihe dir das – es ist jetzt für mich wieder gut!« – Beide geben sich die Hand darauf und sagen zum jeweils Anderen: »Lass uns jetzt wieder gut sein und neu anfangen!«

4. Eine »Wiedergutmachung« im Tun – durch eine zusätzliche »Leistung« des Verletzers – kann die Versöhnung noch erleichtern und besiegeln. Der Verletzte kann sich zum Beispiel vom Anderen einen besonderen Beitrag zur Beziehungspflege wünschen, wie die Einladung zu einem festlichen Abendessen oder zu einer lang geplanten und immer wieder verschobenen Reise mit der ganzen Organisation drumherum und dergleichen mehr. Dabei muss man sich

allerdings im Klaren sein, dass dies nicht ein Ausgleich im materiellen Sinn ist, wie etwa, wenn ich Geldschulden zurückzahle. Einen solchen Ausgleich gibt es, wie gesagt, in Liebesdingen nicht, außer es ist tatsächlich dem Anderen auch ein materieller Schaden entstanden. Wenn dies aber nicht der Fall es, handelt es sich bei allen »Ausgleichsmaßnahmen« um symbolische Akte, die auf eine hilfreiche Weise zum Ausdruck bringen: Wir »sind wieder gut miteinander«, wir beginnen» wieder neu und begehen» das auch in einer äußerlich sichtbaren Handlung.

5. Auf eine Gefahr sei nochmals hingewiesen: Das häufige Verletztsein eines Partners kann auch zu einem Erpressungsinstrument werden. Häufig ist dies eine Waffe von Frauen. Zum Beispiel: Sie ist wegen jeder Kleinigkeit, die ihr Mann tut oder unterlässt, tödlich beleidigt. Der Mann bemüht und bemüht sich – aber irgendwann tritt er wieder ins Fettnäpfchen, und der Haussegen hängt wieder schief. In einem solchen Fall von Überempfindlichkeit gehört es freilich in die Verantwortung des immer wieder Verletzten, bei sich und in seiner Biografie nachzuforschen, welchen Stellenwert das Thema »Verletztsein« in seinem Leben hat, und sich damit auf die Spur zu kommen – zu erkennen, was er dabei mit sich und dem Anderen anstellt und wie zerstörerisch diese Beziehungsstrategie für die Liebe ist.

6. In einer auch im Alltag gelebten Liebesbeziehung kann es nicht ausbleiben, dass wir den Anderen auch ab und zu verletzen, mal mehr, mal weniger stark. Darum sollte es Bestandteil einer guten Beziehungskultur von Paaren werden, mit Verletzungen im beschriebenen Sinn von Verzeihen und Versöhnung umgehen zu lernen. Dabei gehört zum bisher Gesagten noch ein wichtiger zusätzlicher Grundsatz: Verzeihen und Versöhnen fallen leichter, wenn sie möglichst rasch nach dem Vorfall vollzogen und nicht zu lange hin-

ausgeschoben werden. Eine gute Regel dafür könnte die eines schon sehr betagten Paares sein, das sich zum Grundsatz gemacht hatte: Den Tag nicht unversöhnt beschließen! Bevor wir ins Bett gehen, wollen wir die Sache erst bereinigt haben! Dieser Grundsatz kann vielleicht manchmal die Nachtruhe verkürzen, aber aufs Ganze gesehen spart er Zeit, Energie und (emotionale) Kosten.

Wenn wir nach einer Trennung eine neue Partnerschaft eingegangen sind: Was gibt es da für uns als neues Paar zu beachten?

Beobachtungen und Überlegungen

Wer diese Frage stellt, hat schon einen wesentlichen Schritt zu einer guten Antwort getan, weil er davon ausgeht, dass eine zweite Ehe oder Partnerschaft etwas anderes ist als eine erste Ehe, vor allem dann, wenn Kinder aus den früheren Beziehungen vorhanden sind, und dass dieser neuen Situation Aufmerksamkeit gebührt. Damit rechnen sehr viele Menschen nicht, sie beachten die Besonderheiten der neuen Verbindung gegenüber der alten nicht oder zu wenig. Häufig führt das zu bitteren Enttäuschungen: Die Scheidungshäufigkeit von Zweitehen ist noch erheblich höher als bei ersten Ehen! Das steht in krassem Gegensatz zu den anfänglichen Gefühlen und Wünschen der Betroffenen, denn der zweite Anlauf ist durch das vorausgegangene Scheitern belastet und sehr oft von großen Hoffnungen und tiefen Sehnsüchten begleitet.

Bevor wir auf die angedeuteten Besonderheiten der Nachfolge-Beziehung oder Nachfolge-Familie eingehen, möchte ich kurz meinen Sprachgebrauch und – im folgenden Abschnitt – meinen besonderen Blickwinkel bei der Beantwortung der gestellten Frage erläutern. Ich spreche im Folgenden der Einfachheit halber von »Erst-Ehe«, auch wenn diese nicht durch einen formellen Eheschluss entstanden, sondern eine informelle Lebensgemeinschaft war. Dasselbe gilt für die Verwendung des Begriffs »Zweit-Ehe« (Zweitfamilie), wobei »Zweit-Ehe« zudem allgemein für »Nachfolge-Ehe« stehen kann, wenn es sich um eine dritte oder eine weitere Ehe oder Lebensgemeinschaft handelt.

Mein besonderer Blickwinkel im Folgenden: Ich habe vorwiegend die Beziehungssituation des Paares vor Augen, bei dem einer der Partner oder beide Partner Kinder aus früheren Ehen oder Partnerschaften haben, also mindestens einer der Partner nicht leiblicher Elternteil der Kinder ist. Es geht mir also um das Paar vor allem in der so genannten »Patchworkfamilie«. Wenn keine Kinder aus früheren Beziehungen da sind, dann ist es sehr viel leichter, mit dem neuen Partner ein »neues Leben« zu beginnen. Die Geschichte mit dem vorherigen Partner spielt dann eine weniger wichtige Rolle, das neue Paarsystem ist auch in ein weniger komplexes System eingebunden, als dies in einer Zweitfamilie mit Kindern aus früheren Beziehungen der Fall ist. Natürlich gilt aber vieles von den folgenden Ausführungen auch für Zweitehen ohne Kinder.

Nach diesen Vorklärungen kehre ich zur Anfangsfrage zurück. Was sind solche – die Paarbeziehung erschwerenden – Besonderheiten innerhalb einer Zweitfamilie, also einer Familie, die durch Trennung und nachfolgendes Neu-Eingehen einer Lebenspartnerschaft entstand? Wenn sich die beiden Partner zusammentun, geschieht es deshalb, weil sie sich als Mann und Frau lieben. Was am Anfang kaum eine Rolle spielt, jedenfalls nicht im Vordergrund steht, ist die Tatsache, dass da noch Kinder sind. In der Verliebtheits-phase wird dies vielleicht sogar bewusst »draußen« gehalten, denn man will seine Liebe »jenseits« seines – oft mühseligen – Alltagslebens genießen. Wenn sich die beiden Frischverliebten aber dann zu einem gemeinsamen Leben zusammentun, ändert sich die Situation schlagartig. Jetzt bekommt es für den Alltag des neuen Paares eine große Bedeutung, dass mindestens zu einem von beiden Partnern noch andere Menschen gehören, vor allem die Kinder, zu denen er eine starke, seine ganze Identität betreffende Bindung hat. Das lässt sich aus dem Leben der beiden jetzt nicht mehr ausklammern, obwohl es mit der neu entstandenen Beziehung als solcher nichts zu tun hat und deshalb auch leicht – vor allem vom »Dazugekommenen« – als Störung der Zweisamkeit empfunden wird. Vielleicht finden sich der neue Partner und die Kinder durch einen glücklichen Zufall spontan gleich sympathisch, aber wenn das – wie so häufig – nicht der Fall ist, muss er trotzdem mit ihnen zurechtkommen, auch wenn sie chaotisch sind, sich abweisend verhalten, kein Interesse an ihm, dem »Neuen«, haben und dergleichen mehr. Hinzu kommt, dass auch der frühere Partner des Anderen plötzlich wieder eine Rolle spielt, weil die Kinder ihn besuchen oder von dort zu Besuch kommen, und es wird unvermeidlich, dass man sich mit ihm irgendwie arrangiert oder abstimmt. Er wird oder ist also in der neuen Familie wieder präsent, woran der neue Partner unter Umständen ganz und gar nicht interessiert ist und was ihn vielleicht auch ängstlich oder eifersüchtig macht.

Das neue Paar ist also unvermittelt mit Beginn des gemeinsamen Lebens nach der ersten Verliebtheitsphase mit einem komplexen Beziehungsgefüge konfrontiert, das mindestens einen der beiden Partner sehr existenziell bestimmt und mit betrifft und in das sich der andere einfügen und in dem er seinen Platz finden muss. Es zeigt sich nun sehr deutlich: Die beiden sind füreinander nicht »die Einzigen« auf der Welt, wie sie es vielleicht in der Verliebtheitsphase so beglückend erlebt haben. Der Mann hat eine »Frau mit Vergangenheit«, die Frau einen »Mann mit Vergangenheit« – und damit müssen sich beide klug arrangieren, sonst leidet ihre Liebe Schaden, wie es leider sehr oft zu beobachten ist. Im Folgenden werde ich das noch konkreter darstellen (vgl. dazu: Krähenbühl 2007).

1. Nicht selten verlangt es die Situation, dass die Partner hinter den Bedürfnissen der Kinder zurücktreten. Die Frau muss sich beispielsweise unter der Woche viel um ihre Kinder kümmern, der neue Partner hat deshalb weniger von ihr, als er sich das eigentlich wünscht. Am Wochenende sind wiederum seine Kinder zu Besuch da, dann ist für den Mann hauptsächlich ein Programm mit ihnen angesagt, aber die Frau hätte gerade jetzt mehr Zeit und darum den Wunsch, sie mit dem Mann zu verbringen. Solche und ähnliche Verzichtsleistungen werden immer wieder den Partnern in Zweitfamilien zugemutet.

2. Dabei ist auch noch auf etwas ganz anderes zu achten: Vielfach haben Eltern in Zweitfamilien gegenüber ihren Kindern ein schlechtes Gewissen wegen der Trennung. Das führt dazu, dass sie zur Überfürsorglichkeit neigen und sich gegenüber den Wünschen der Kinder auch zu wenig abgrenzen. Das gilt sowohl für den getrennt lebenden Elternteil im Hinblick auf seine »Besuchskinder« als auch für den anwesenden Elternteil in Bezug auf seine Kinder, die mit im Haushalt leben. Deshalb ist es gerade in Zweitfamilien für beide Partner unumgänglich, darauf zu achten, dass ihre Paarbeziehung nicht in dem komplexen Ganzen untergeht, sondern Räume und Zeiten dafür reserviert bleiben. In der Zweitfamilie muss man der Pflege der Paarbeziehung besonders hohe Priorität einräumen. In gewissem Sinn ist das

ein Wiederspruch zum vorigen Punkt, dass man zu den Ein-
schränkungen durch die Kinder Ja sagen muss. Aber dies ist
gerade die Anforderung an das neue Paar, beides immer
wieder auszubalancieren, zum Zurückstehen bereit und
gleichzeitig achtsam zu sein – auf die Paarbeziehung und
deren Bedürfnisse.

3. Der oder die »Dazugekommene« ist Partner des anwesenden Elternteils, nicht Elternteil oder Elternersatz für die
Kinder, und soll sich darum aus Erziehungsangelegenheiten
heraushalten. Wenn der neue Partner sich in Erziehungsangelegenheiten einmischt, wird er sehr bald mit den Kindern des
Partners in Konflikt geraten, weil die Kinder dies – aus Solidarität zum getrennten leiblichen Elternteil – in aller Regel
ablehnen. Der Konflikt mit den Kindern führt dann dazu,
dass sich auch das Paar in die Haare gerät. Denn dann liegt es
sehr nahe, dass der leibliche Elternteil doch Partei für seine
Kinder ergreift, selbst wenn er zunächst froh war, dass jemand durchzugreifen versuchte. Der leibliche Elternteil hat
also für seine Kinder die alleinige Elternverantwortung im
Alltag. Er teilt sie nicht mit dem hinzugekommenen Partner,
sondern nur mit dem außerhalb lebenden leiblichen Elternteil. Und darum soll der neue Partner auch auf keinen Fall
versuchen, der bessere Vater oder die bessere Mutter zu sein.
Die Kinder werden dieses Vorhaben durchkreuzen. Dies wird
für das neue Paar oft eine Quelle zerstörerischer Konflikte.

4. Eine ähnliche Situation kann sich auch ergeben, wenn die
Kinder des neuen Partners zu Besuch kommen und die neue
Frau zum Beispiel meint, sie müsste für diese Kinder jetzt
die perfekte Mutter spielen und sich deshalb in alle möglichen Angelegenheiten der Kinder einmischen. Die Verantwortung für die Kinder hat dann der leibliche Vater, bei dem
die Kinder zu Besuch sind, und die Frau sollte sich heraushalten – so entstehen die wenigsten Konflikte.

5. Ein weiterer kritischer Punkt ist die öfter zu beobachtende Solidarisierung des neuen Paares gegen den jeweils getrennt lebenden Partner. Es kann zunächst wie etwas sehr Verbindendes wirken, den oder die »Ex« des Partners zum »gemeinsamen Feind« zu machen, aber das ist keine gute Verbindung, denn dadurch wird der Konflikt mit diesem jetzt Außenstehenden nur ständig angeheizt. Das aber bringt die Kinder in ständige Loyalitätskonflikte, auch wenn diese nach außen oft sehr verborgen bleiben und sich die Kinder scheinbar sogar mit dem neuen Paar verbünden. Statt sich gegenseitig gegen den oder die »Ex« zu verbünden, sollte sich das Paar gegenseitig dabei unterstützen, Frieden zu stiften. Hass, Rachegefühle, Opferposition, »Strafmaßnahmen« gegenüber dem früheren Partner sollten aufgegeben werden. Es soll zumindest zu einer »friedlichen Ko-Existenz« mit ihm kommen, sodass eine gute Zusammenarbeit möglich wird – vor allem im Interesse der Kinder und auch im Interesse eines Lebens mit versöhnter Vergangenheit. Natürlich gehört dazu auch, dass der ehemalige Partner seinen Beitrag leistet, aber es ist immer wieder erstaunlich festzustellen, wie oft sich die Gesamtsituation verändert und dieser seine Feindseligkeit aufgibt, wenn die Friedensbemühungen von der anderen Seite wirklich ernsthaft und konsequent angegangen werden.

Auf den Punkt gebracht

Als Zusammenfassung des Gesagten und Antwort auf die Anfangsfrage »Worauf achten …?« notiere ich im Folgenden einige kurze Merksätze.

1. Nicht zu früh zu nah zusammen! Dieser Imperativ gilt für das neue Paar, von dem ein Partner oder beide Partner Kinder haben, sodass diese im Leben des Partners häufig oder ständig im Alltag präsent sind. Ich will damit der oben beschriebenen Schwierigkeit vorbeugen, sich mit den Kindern des Partners in Konflikte zu verwickeln und damit die neue Beziehung zu gefährden. Man kann durchaus auch noch zu einem Zeitpunkt getrennt voneinander leben, zu dem man sich schon explizit entschlossen hat, das weitere Leben miteinander zu verbringen, ja, auch wenn man schon verheiratet ist. »Living apart together« kann eine für diese Konstellation sehr angemessene Lebensform sein. Sie bietet die Möglichkeit, die Paarbeziehung sehr bewusst und geplant zu leben und zu pflegen, und vermeidet dadurch viel Alltagskram und Alltagsstress. Das eigentliche Zusammenziehen wird dann für den Zeitpunkt geplant, an dem die Kinder aus dem Haus sind oder eventuell – aus irgendwelchen Gründen – zum anderen, außerhalb lebenden Elternteil wechseln. Es ist für den Dazugekommenen viel leichter, auf diese Weise eine gute, sogar herzliche Beziehung zu den Kindern des Anderen aufzubauen, als wenn er zu früh mit deren Lebensgewohnheiten und Eigenheiten konfrontiert ist.

2. Die Erziehungsverantwortung liegt allein bei den leiblichen Eltern, nicht bei den neu hinzugekommenen Partnern! Selbst wenn kein Kontakt mehr zum außerhalb lebenden leiblichen Elternteil hergestellt werden kann, die Kinder noch sehr klein sind und elterliche Fürsorge auch vom dazugekommenen Partner brauchen, ist es sehr wichtig, dass er diese immer im Bewusstsein der »Stellvertretung« übernimmt, sich deshalb auch nicht »Vater« oder »Mutter« nennen lässt und dass immer klar bleibt, dass der Vater oder die Mutter eine andere Person ist. Die Vermischung der beiden Ebenen »Paarbeziehung« und »Elternebene« schadet nicht nur den Kindern, sie führt auch sehr oft zu Konflikten auf der Beziehungsebene des neuen Paares.

3. Beziehung statt Erziehung! Dieser Grundsatz gilt ebenfalls für den Partner, der nicht leiblicher Elternteil der Kinder ist. Dessen Rolle kann die eines älteren Freundes oder einer älteren Freundin sein. Das wird man aber nicht automatisch: Eine solche Beziehung muss allmählich aufgebaut werden. Erst auf der Basis einer guten, stabilen freundschaftlichen Beziehung kann der neue Partner auch gewisse Erziehungsfunktionen übernehmen. Er hat dabei zwar gegenüber den leiblichen Eltern »in der zweiten Reihe« zu bleiben, aber er wird auf diese Weise unter Umständen auch zu einer wichtigen Bezugsperson, die viel für die Kinder seines Partners tun und für diese auch sehr wertvoll sein kann.

4. Regelmäßigkeit geht vor Häufigkeit! Dieser Grundsatz gilt vor allem für den Partner, dessen leibliche Kinder ihren Alltag nicht bei ihm verbringen, sondern zu dem sie zu Besuch kommen. Oft aus schlechtem Gewissen und übertriebener Sorge meint er, ständig zu seinen Kindern Kontakt herstellen zu müssen. Oft drängen sich solche Eltern den Kindern förmlich auf, rufen ständig an, machen Sondertermine aus – sehr zum Ärger sowohl der Expartner als häufig auch der Kinder, die auf diese Weise nicht zur Ruhe kommen. Wichtig ist für die Kinder eine verlässliche Regelmäßigkeit des Kontakts, der durchaus auch in etwas größeren Abständen stattfinden kann, und nicht ein Kontakt »so oft wie möglich«, der sie immer wieder aus ihrem Rhythmus und ihrer Umwelt herausreißt und das Leben sowohl des Expartners als auch des neuen Paares stört.

5. Qualität geht vor Quantität! Dieser Grundsatz ist ebenfalls vor allem für den Partner gemeint, bei dem die Kinder nicht ständig leben, und hängt mit dem oben erläuterten eng zusammen: Es kommt auf die Qualität der Beziehung an, die im Zusammensein von Vater oder Mutter und Kindern entsteht, nicht darauf, dass er oder sie die Kinder möglichst häufig sieht und mit ihnen zu tun hat. Genauso gilt dieser Satz natürlich auch für manche überfürsorglichen Mütter, bei denen die Kinder leben und die in ihrer Überfürsorge aus schlechtem Gewissen ihrer Beziehung zum neuen Partner zu wenig Raum geben.

6. *Trennung schadet den Kindern nur, wenn die Erwachsenen damit nicht gut umgehen!* Dieser Satz soll speziell an die Eltern mit »schlechtem Gewissen« gegenüber den Kindern wegen der Trennung gerichtet sein. Dieses schlechte Gewissen verhindert nicht selten, dass die Beziehung zum neuen Partner gelingt. Man lebt dadurch im Grunde noch immer in der Vergangenheit, und das stört natürlich die neue Beziehung, weil der Partner mit Kopf und Herz noch immer »woanders« und nicht im »Hier und Jetzt« der neuen Beziehung lebt. »Gut mit der Trennung umzugehen« heißt erstens, dafür zu sorgen, dass die Kinder regelmäßigen Kontakt zum getrennten Elternteil haben, und zweitens: so weit wie irgend möglich eine kooperative Beziehung zum Expartner in Angelegenheiten der gemeinsamen Kinder herzustellen und zu pflegen. Sind diese beiden Anforderungen erfüllt, können Kinder eine Trennung der Eltern gut verkraften und sogar für ihr eigenes Leben daraus lernen.

Wieweit ist man veränderungsfähig? Muss man sich nicht mit den Eigenheiten des Partners – je länger man zusammen ist, desto mehr – abfinden, statt um Veränderung zu kämpfen?

Beobachtungen und Überlegungen

Sich verändern im Zusammenleben mit dem Partner – wie kommt es überhaupt dazu, dass dies zum Thema wird? Besteht nicht die Erfahrung von Geliebtsein darin, dass da ein Anderer gerade keine Forderung an mich stellt, ich sollte mich ändern? Dass ich da einem Anderen recht bin, genauso wie ich bin? Ja, dass sich da einer sogar dafür begeistert, dass ich bin, wie ich bin? Das ist und war doch gerade die oft umwerfende Erfahrung in der Zeit der Verliebtheit! Allerdings erleben wir auch immer wieder, dass das genaue Gegenteil eintritt, wenn dann ein paar Jahre ins Land gegangen sind: Der eine hackt auf dem anderen herum und sagt, was er alles ändern sollte, wie er gefälligst anders sein sollte! Der Andere setzt sich zur Wehr, verlangt seinerseits Änderung – und schon sind wir wieder bei dem sattsam bekannten »Teufelskreis«, diesem eklatanten Gegenteil von liebevollem Austausch! Was ist da geschehen? Wodurch wurde dieser so häufig zu beobachtende Umschwung bewirkt?

Warum waren wir in der Verliebtheitsphase einander so, wie wir waren, richtig und wichtig – so wichtig, dass wir den Anderen keinesfalls verändern, dass wir ihn im Gegenteil genauso haben wollten, wie er war? Ein Teil der Erklärung ist sicher, dass wir in der Verliebtheit vom Anderen mit etwas beschenkt wurden, das es so bisher in unserem Leben nicht gab, das uns aber als sehr wichtig erschien. Die lebendige, extravertierte Frau erlebt den geliebten Mann als den ruhigen Hafen, in dem sie endlich vor Anker gehen kann. Der ruhige, nach innen gekehrte Mann erfährt durch die Art der Frau wiederum etwas, das ihn aus seinem Gehäuse herausholt, ihn lebendig macht und inspiriert … So erfahren beide in ihrer Begegnung: »Du bist genau richtig so, wie du bist!« Wenn sie sich dann zusammentun, um auch den Alltag zu leben, kann das immer noch eine Quelle von wechselseitiger Befriedigung bedeuten. Allerdings wird dann notwendigerweise auch anderes offensichtlich und spürbar: Die lebendige, extravertierte Frau ist auch unruhig, ungeduldig, unsicher, und der ruhige, introvertierte Partner braucht andererseits wiederum recht lange, um aus sich herauszugehen, und da er mit seiner Aufmerksamkeit hauptsächlich nach innen gerichtetet ist, bemerkt er häufig viele konkrete Dinge nicht, die ihr aber wichtig sind, und das regt sie auf. Neben dem, was immer noch genau »passt«, tauchen eben auch bei beiden Partnern die Schattenseiten ihres Temperaments auf, und diese Schattenseiten stoßen dann aufeinander, weil sie ganz und gar nicht »passen«. Sie möchte ihn spontan und zupackend haben, er möchte sie ausgeglichener, großzügiger, selbstständiger … Und so beginnt einer vom anderen Veränderung zu verlangen. Und weil dies, was der Partner verlangt, meist so gar nicht dem eigenen Wesen entspricht, baut er Widerstand dagegen auf oder beginnt nun seinerseits

Veränderung in den Punkten zu verlangen, die ihn stören. Die Gefahr besteht dann, wie wir oben schon mehrfach sahen, dass die Seiten, die nicht passen, die Aufmerksamkeit des Paares so stark besetzen und deshalb übermäßig in den Vordergrund treten, dass alles, was noch immer gut zusammenpasst und zusammenspielt, nicht mehr bemerkt, aber auch nicht mehr gelebt wird – weil sich beide Partner vollständig in ihren Kampf für oder gegen Veränderung verstrickt haben. Das Ende vom Lied ist dann oft Trennung oder – was aus der Art der anfangs gestellten Frage herauszuhören ist – Resignation bei beiden oder zumindest einem Partner: Offensichtlich ist eben eine »wirkliche« Veränderung gar nicht möglich. Will man sich nicht trennen, muss man sich eben zufriedengeben mit dem, was ist!

Hier könnten wir schon bei einer ersten Antwort auf die Frage im Titel des Kapitels, ob Veränderung überhaupt möglich ist, angelangt sein: Wenn sie aus der Erfahrung eines schon länger andauernden vergeblichen Kampfes gestellt wird, lautet sie: Gebt den Kampf ruhig auf! Auf der Basis von Angriff und Verteidigung ist Veränderung tatsächlich illusorisch. Denn so kommt es nur zu einer Verhärtung der Fronten. Jeder »muss« auf seiner Eigenart beharren, um nicht unter die Räder zu kommen – so aber erscheint es ihm, wenn er alles zugibt und immer nur nachgibt!

Zweifellos ist diese Antwort allerdings sehr unbefriedigend. Denn jeder weiß, dass man nicht in einer so engen Gemeinschaft wie einer Paarbeziehung zusammenleben kann, wenn sich nicht einer dem andern auch anpasst, also sich auch ein Stück weit verändert! Und so lautet die zweite, anscheinend direkt widersprechende Antwort: Solche Veränderungen sind möglich, und das bis ins hohe Alter! Allerdings müssen bestimmte Bedingungen und Voraussetzungen gegeben sein, damit es nicht zu der geschilderten Verhärtung kommt. Welches sind diese Bedingungen und Voraussetzungen?

1. Die erste ist, dass wir einsehen – und diese Einsicht in uns wirken lassen –, dass jede Eigenart unseres Partners ihre »Schattenseite« hat, die anfangs meist verborgen bleibt und erst im Alltag deutlich wird: Der gute Zuhörer kann häufig wenig von sich selbst berichten, der Übersprudelnde ist dagegen ein schlechter Zuhörer, der Gefühlsbetonte entscheidet spontan und darum manchmal unüberlegt; wer lange überlegt, ist dafür oft langsam und zäh, der Intuitive übersieht leicht die »harten Fakten« der Realität, der Realistische kennt dagegen keine inspirierenden Zukunftsvisionen … Solche Einseitigkeiten sind unser menschliches Schicksal. Hier stoßen wir an die Grenzen, die uns dann, wenn sie spürbar werden, auf die Nerven gehen. Einsicht und Anerkennung dieser Grenzen, bei sich selbst und beim Anderen, schaffen Verständnis, und dieses Verständnis ist eine wesentliche Bedingung dafür, dass der Partner sich nicht gegen uns und unser Veränderungsbegehren verteidigen muss. Mit dieser Verteidigung macht er sich selbst starr und damit eigene Veränderungsschritte fast unmöglich.

2. Eine zweite Voraussetzung besteht darin, zu realisieren, dass es zwischen Männern und Frauen auch geschlechtsbedingte Unterschiede gibt, die nicht einfach auszugleichen sind. Wir haben bei Frage 12 (S. 115 ff.) darüber bereits gesprochen. Auch hier gilt: Je mehr jeder der Partner seine und des Anderen Eigenart als Mann oder als Frau in ihrer jeweiligen Begrenztheit anerkennt, desto mehr ermöglicht er sich und dem Anderen, Brücken zu schlagen und kleine Schritte in die gewünschte Richtung, aufeinander zu zu gehen, die – auch wenn sie nicht das Ideal der genauen Passung erreichen – doch ein wenig Bewegung aufeinander zu bedeuten.

3. Und schließlich: Was jeder der beiden Partner in seiner Kindheit erlebt hat, prägt sein Leben und setzt ebenfalls seinen Veränderungsmöglichkeiten Grenzen. Dass Reinhard

immer mehr verstummt, wenn Martha auf ihn einredet, hängt auch damit zusammen, dass Reinhards Mutter, als er ein kleiner Junge war, regelmäßig mehr von ihm wollte, als er geben konnte. Das alte Thema wird bei ihm aktiviert, sein »wunder Punkt« getroffen. Und wenn Martha ganz mutlos wird, wenn Reinhard ihr Verhalten kritisiert, hängt das auch damit zusammen, dass man ihr als Mädchen zu Hause nie etwas zutraute. Reinhard schlägt mit seiner Kritik nur wieder in diese alte Kerbe. Je mehr wir das »innere Kind« des Anderen und auch unser eigenes mit seinen Wunden aus der Kindheit kennen- und verstehen lernen, desto liebevoller werden wir uns bei uns und beim Anderen um es kümmern und Verständnis für die Schwierigkeiten aufbringen, sich gerade in diesem Punkt zu verändern, was wiederum dem Anderen eine Möglichkeit zu kleinen Veränderungsschritten eröffnet.

Fazit aus diesen drei Punkten: Sie handeln einerseits von der Begrenztheit in unseren Veränderungsmöglichkeiten. Andererseits: Wenn wir diese Begrenztheit liebevoll akzeptieren, bei uns und beim Partner, entsteht Akzeptanz. Auf der Basis von Akzeptanz – und nur auf dieser – werden dann auch Änderungsschritte möglich. Veränderungsdruck erzeugt nur Widerstand, Akzeptanz eröffnet neue Möglichkeiten. Der Introvertierte kann lernen, sich ein wenig mehr nach außen zu wenden, der Verschlossene, sich ein wenig zu öffnen, der Unsichere, ein wenig sicherer zu werden: dies alles aber nur, wenn er sich vom Anderen als der, der er ist und wie er geworden ist, angenommen und nicht kritisiert und abgelehnt fühlt.

Das Lebensalter dagegen spielt für Veränderungsmöglichkeiten oder die Schwierigkeiten damit eine untergeordnete Rolle. Natürlich können es die Jahre einer Ehe mit sich bringen, dass der eine Partner sich immer mehr verhärtet und rigider wird, wenn er die ganze Zeit über damit beschäftigt war, sich gegen den anderen Partner und sein Veränderungsverlangen zu verteidigen. Wenn sich aber beide immer wieder vor allem in der Akzeptanz ihrer eigenen Begrenztheit und in der Akzeptanz der Begrenztheit des Partners geübt haben, bleibt die Möglichkeit, Schritte der Veränderung zu unternehmen, erhalten, und das ganz unabhängig vom Lebensalter (vgl. Jellouschek 2008 a).

Auf den Punkt gebracht

1. Neben dem, was gut oder sogar ideal in einer Paarbeziehung zusammenpasst, gibt es immer auch Eigenheiten und Gewohnheiten bei den Partnern, die nicht zusammenpassen und sich im Laufe des Zusammenlebens konflikthaft zu reiben beginnen. Veränderungswünsche und Veränderungsbegehren eines Partners an den Anderen sind darum sehr verständlich und nicht zu vermeiden.

2. Dabei sollte sich der Partner, von dem Veränderung gewünscht wird, auch immer wieder sagen: Ja, er hat Recht. In manchen Punkten bin ich tatsächlich eine Zumutung für ihn! Und der andere, der Veränderung wünscht, sollte sich immer wieder sagen: Vor aller Veränderung ist es wichtig, dass mein Partner spürt, dass ich ihn mag und schätze und dass er auch viele Eigenschaften hat, die gut zu mir passen und von denen ich auch sehe und anerkenne, dass sie gut passen. Diese beiden Grundhaltungen sind die beste Voraussetzung, dass tatsächlich in der Beziehung ein fortlaufender Veränderungsprozess in Gang kommt.

3. Das bisher Gesagte setzt ganz generell voraus, dass ich das Anders-Sein des Anderen zur Kenntnis nehme und billige. Er passt nicht *nur* zu mir, er ist nicht Teil meiner selbst, er ist eben – ein Anderer! Ich stelle mich auf dieses Anders-Sein immer wieder ein. Das ist der Schritt von der Verliebtheit zur reifen Liebe. Was darüber hinaus dann

noch an Änderungswünschen bleibt, äußere ich gegenüber dem Anderen ohne Abwertung und »eingebettet« in mein grundsätzliches Wohlwollen für seine Person.

4. Als Partner, von dem Veränderung gewünscht wird, bemühe ich mich wiederum, im Veränderungswunsch des Anderen herauszuhören, was an dem Wunsch berechtigt ist, selbst wenn ich abwertende Untertöne wahrnehme. Ich beziehe mich also in meiner Reaktion nicht auf die möglicherweise unschönen Untertöne, sondern auf den berechtigten Inhalt und nehme diesen ernst.

5. Wenn wir beide realisieren, wie wenig selbstverständlich Veränderung ist und wie begrenzt auch unsere menschlichen Veränderungsmöglichkeiten sind, wird es uns sehr berühren, wenn wir feststellen, dass sich der Partner trotzdem um Veränderung bemüht und in diese Richtung strebt. Und je häufiger wir ihm mitteilen, dass wir es bemerkt haben und berührt sind, desto eher werden wir ihn zu weiteren kleinen Veränderungsschritten ermutigen und sind selbst auch zu Vergleichbarem inspiriert. Die Entwicklung der Negativ-Spirale wird damit ausgebremst, und so können sich im Laufe der Zeit in liebevollen Beziehungen tatsächlich bei beiden Partnern Veränderungen einstellen, die Außenstehende diesem Paar nie zugetraut hätten!

6. Eine Mahnung für Phasen, in denen Paare sich mit ihrer Unterschiedlichkeit besonders schwertun: Lasst euch davon nicht hypnotisieren! Nehmt euch bei aller Unterschiedlichkeit Freiräume und Auszeiten, in denen ihr das pflegt, was trotz allem harmoniert, anstatt das auch noch aufzugeben und nur noch miteinander zu kämpfen. Damit bringt ihr die Ressourcen eurer Beziehung wieder in den Vordergrund und stärkt sie, und dann wird es auch wieder leichter, mit den schwierigen Eigenschaften des Partners umzugehen.

Gibt es für das Zusammenleben von Paaren und Familien so etwas wie Grundregeln, die eingehalten werden müssen, damit die Liebe nicht Schaden leidet?

Beobachtungen und Überlegungen

Liebe und Regeln – welch ein Gegensatz! Liebe, diese Himmelsmacht, richtet man sie mit Regeln nicht zugrunde? *Ama et fac, quod vis!*, sagte schon Augustinus: »Liebe nur – und du darfst tun, was du willst!« Ist das nicht die entscheidende und einzige »Grundregel«? Ist die Liebe nicht schon erlahmt, wenn man versucht, ihr mit Regeln auf die Beine zu helfen? Ein wirklich Liebender aber verhält sich im Sinne des Spruchs von Augustinus nie falsch.

Meine Meinung dazu: So einfach ist das nicht! Ich stimme dem Satz des Augustinus zu, vorausgesetzt, dass es wirklich reine Liebe ist, die mich erfüllt. Dann tue ich intuitiv das Richtige. Aber bin ich immer von reiner Liebe erfüllt? Oder mischt sich da nicht häufig alles Mögliche hinein, was dann zu Handlungen führt, die der Liebe schaden? Etwa wenn eine Frau sich selbst aus lauter Liebe vollständig vergisst und dadurch ruiniert? Oder wenn ein Mann aus Liebe die geliebte Frau zur Liebe zwingen will und nicht einmal vor Gewalttaten zurückschreckt? In unsere Liebe mischen sich alle möglichen anderen Motive und Haltungen, die mit ihr nichts zu tun haben. Unsere Liebe hat es also mehr als nötig, immer wieder »gereinigt« zu werden, oder anders ausgedrückt: Sie hat es nötig, zu reifen. Und dafür gibt es wohl einige wichtige Grundregeln, an denen sich zu orientieren sehr nützlich sein kann.

Wenn ich solche Regeln formuliere, muss ich allerdings drei wichtige Bemerkungen vorausschicken. Die erste: Ich spreche im Folgenden speziell von der Liebe zwischen Frau und Mann. Zweitens: Ich spreche von Dingen, die mir durch meine Lebenserfahrung und meine Arbeit mit Paaren besonders wichtig geworden sind. Andere können also durchaus auch andere Akzente setzen und andere Regeln formulieren. Man müsste sie dann diskutieren und prüfen, wo Unterschiede und Übereinstimmungen festzustellen sind. In diesem Sinn erhebe ich keinen Anspruch auf Allgemeingültigkeit. Und drittens: Ich möchte die Gültigkeit dieser Grundregeln nur für unseren westlichen Kulturkreis behaupten – und dies gilt es vor allem bei gemischt-kulturellen Verbindungen genau zu beachten. Ich vermute zwar aufgrund philosophisch-anthropologischer Überlegungen, dass sich die Entwicklung auch in anderen Kulturen in diese Richtung bewegen wird. Das aber wage ich nicht einfach zu behaupten, deshalb auch diese ausdrückliche Relativierung meiner folgenden Formulierungen.

Auf den Punkt gebracht

1. Liebe will geben. Wenn ich liebe, habe ich das Bedürfnis, zu geben. Liebe schenkt. Liebe ist Hingabe. Wenn ich liebe, gebe ich nicht, um etwas zurückzubekommen. Wenn ich liebe, gebe ich, weil ich liebe. Dies unterscheidet die Liebe von einem bloßen Partnerschaftsverhältnis. Dieses beruht auf Gerechtigkeit: Ich gebe – und will »mit Recht« Gleichwertiges wiederhaben. Bei der Liebe verhält es sich anders: Sie gibt, weil sie Liebe ist. Gleichzeitg gilt allerdings auch:

2. Liebe braucht Gegenseitigkeit. Liebe ist darauf angewiesen, vom anderen mit Liebe erwidert zu werden. Sonst geht sie ins Leere, wird eine »unglückliche Liebe«, verbrennt gewissermaßen und verbraucht sich irgendwann. Die Liebe zwischen Mann und Frau kann sich nur im Wechselspiel von »Lieben« und »Geliebtwerden« entfalten. Allerdings kann man daraus nicht die typische Forderung der Gerechtigkeit ableiten: Wie du mir, so ich dir. Liebe kann nicht die Liebe des Anderen einfordern, nach dem Motto: »Wenn ich dir Liebe schenke, musst du mich ebenfalls lieben!« Liebe ist in diesem Sinn ohnmächtig: Sie kann nicht fordern, ist aber, um zu gedeihen, auf die Liebesreaktion des Geliebten angewiesen.

3. Liebe will Verbindlichkeit. Wenn sich in der Liebesbeziehung diese Wechselseitigkeit entfaltet, stellt sich nach einiger Zeit bei einem der Partner oder bei beiden der Wunsch oder auch erst nur die Frage ein: Könnte aus dieser Verbindung für mich/für uns eine Lebensgemeinschaft werden? Hier meldet sich das Bedürfnis der Liebe nach Verbindlichkeit. Die Liebe als Gefühl drängt nun auf die Liebe als Entscheidung hin: »Ich liebe dich und fühle mich von dir geliebt. Darum möchte ich auch mit dir leben!« Wenn dieser Wunsch von beiden geteilt wird, ist der Schritt in die Verbindlichkeit angesagt. Wenn nicht, handelt es sich entweder noch um eine vorläufige Beziehung, deren Charakter sich erst noch herausstellen muss, oder es ist eine Trennung angesagt, weil einer der Partner diese Liebe des Anderen nicht erwidern kann oder will.

4. Liebe braucht Partnerschaftlichkeit. Fällt die Entscheidung für eine verbindliche Lebensgemeinschaft, kommt nun zur »Handlungslogik der Liebe« eine zweite, andere hinzu: die »Handlungslogik der Partnerschaft« (Riehl-Emde 2003). Zwei Menschen sind jetzt nicht mehr nur ein Liebespaar, sie sind auch eine Gemeinschaft zur gemeinsamen Lebensbewältigung und in diesem Sinn auch ein gemeinsames »Arbeitsteam«. Darum bekommt nun auch die »Handlungslogik der Gerechtigkeit« zwischen beiden größere Bedeutung – und damit die Frage: Fühlen sie sich als Partner auch gleich-berechtigt, gleich-wertig? Hier erhalten auch Forderungen der Partner an den Anderen – zum Beispiel nach mehr Einsatz für das gemeinsame Leben, wenn dieser von einem der beiden nicht erbracht wird – ihre Berechtigung und Notwendigkeit. Die Liebe relativiert diese Forderungen zwar immer wieder, sie tut auch »mehr« um des Anderen willen, als es bloße Gerechtigkeit fordern würde, aber sie wird überfordert, wenn es in der Beziehung auf die Dauer zu ungerecht zuzugehen beginnt.

5. Liebe will »ein Drittes«. Die gebende Liebe, die Verbindlichkeit und Dauer will, strebt auch danach, mit dem Geliebten »fruchtbar« zu werden. Das klingt sehr altmodisch und im Zeitalter der Pille vollständig überholt. Aber man kann es immer wieder beobachten: Der Wunsch nach einem Kind taucht auf. Häufiger haben ihn die Frauen, aber durchaus nicht immer nur sie. Wir haben darüber bei Frage 4 (S. 37 ff.) gesprochen: Aus der gegenseitigen Liebe möchte etwas gemeinsames Drittes wachsen. Wenn es kein

Kind sein kann – aus welchen Gründen auch immer –, kann dieses Dritte auch ein anderes Gemeinsames (ein gemeinsames Werk, ein gemeinsames Anliegen usw.) sein. Im Engagement der beiden dafür kann die Liebe der beiden zueinander fruchtbar werden und sich dadurch auch neu beleben und neue Dimensionen erschließen. So kommt zum Liebes-Paar und zum Partnerschafts-Paar jetzt noch die Dimension des Eltern-Paares hinzu, im wörtlichen oder auch übertragenen Sinn: gemeinsam für jemanden oder auch für eine Sache Eltern sein.

6. *Liebe braucht Pflege.* Die Elternschaft im wörtlichen oder übertragenen Sinn birgt allerdings auch die Gefahr, dass die Liebe des Paares in den Hintergrund tritt. Die Dauer der Beziehung, der Alltag, die Sorge für Beruf und Kinder können dazu beitragen, dass Paare anfangen, das Geben und Nehmen auf der Ebene als Frau und Mann zu vergessen. Die Ursprungsliebe, aus der alles andere entstand, droht dann im täglichen Trott zu versinken. Deshalb ist es so wichtig, dass das Paar sich bewusst immer wieder der Pflege dieser Dimension seines Zusammenseins widmet, dass es sich Zeiten und Räume reserviert, wo beide sich wieder als Mann und Frau begegnen, miteinander reden, miteinander Schönes und Inspirierendes erleben und auch ihre sexuelle Beziehung wiederbeleben und achtsam pflegen.

7. *Liebe will Grenzen.* Zu dieser Pflege gehört auch, dass das Paar auf die Grenzen achtet, die erforderlich sind, damit die Ursprungsliebe erhalten bleibt und sich immer wieder erneuern kann: Grenzen gegenüber den eigenen Eltern, Grenzen gegenüber den Kindern und Grenzen gegenüber anderen Nahestehenden, Verwandten und Freunden. Solche Grenzen werden zum Beispiel verwischt oder verletzt, wenn die Frau über Probleme, die sie mit ihrem Mann hat, bei ihrer Mutter

klagt, und dies nicht nur einmal, in einer besonderen Situation, sondern immer wieder. Sie rückt damit allmählich an ihre Mutter näher heran, als sie zu ihrem Mann steht. Das heißt: Es gilt, die Generationengrenze den eigenen Eltern gegenüber zu wahren. Um Grenzverletzungen oder -verwischungen handelt es sich auch, wenn der Mann in der Familie die Tochter verehrt wie eine heimliche Geliebte. Dann steht er emotional näher bei ihr als bei seiner Frau, in einem Bündnis mit der Tochter, aus dem die Frau ausgeschlossen ist (hier wird die Generationengrenze den Kindern gegenüber verletzt). Grenzen werden auch dann verletzt und verwischt, wenn einzelne Freunde oder Verwandte zu Vertrauten eines der Partner werden und der andere Partner aus diesem Verhältnis ausgeschlossen bleibt. Am deutlichsten wird dies bei einer sexuellen Außenbeziehung, weil hier die Intimität des Paares am krassesten verletzt wird, aber auch bei viel weniger brisanten »Außenbeziehungen« kann es zu solchen Grenzverletzungen kommen. Dem widerspricht nicht, dass beide Partner auch eigene Freundschaften haben und diese pflegen; das kann die Paarbeziehung im Gegenteil sogar sehr befruchten. Wichtig ist allerdings, dass sich diese Freundschaften nicht zu »Bündnissen« entwickeln, aus denen der andere Partner vollständig ausgeschlossen ist.

Positiv ausgedrückt bedeutet das zuletzt Gesagte – und damit möchte ich wie in einer Art Resümee die »Grundregeln« für die Partnerliebe zusammenfassen: Das »Zentrum« des gesamten Beziehungsgefüges der Partner ist deren Liebe zueinander als Paar. Die Partner stehen einander am nächsten, verbunden durch ihre Liebe als Mann und Frau. Von da aus sind sie gemeinsam ihren Kindern in Liebe als Eltern verbunden und ihren eigenen Eltern als deren erwachsene Kinder, und sie haben auch »außen« gemeinsame und individuelle Freunde, zu denen die Beziehung so gestaltet wird, dass ihre Intimität als Paar nicht gestört wird.

Möglicherweise erscheint dieses Bild manchem als zu statisch. Denn es gibt im Laufe des Paar-Lebens natürlich Situationen und Krisen, in denen sich die Verhältnisse von Nähe und Distanz im Lebensgefüge des Paares auch verändern, ohne dass dies gleich auf eine Gefährdung oder gar Zerstörung der Paar-Liebe hinauslaufen muss. Dennoch halte ich es für ein wichtiges Orientierungsbild, das auf die zentrale Bedeutung der urspünglichen Paar-Liebe verweist. Wenn man alte Paare trifft, deren Umgang miteinander den Außenstehenden spontan überzeugt und berührt, ist dies nach meiner Erfahrung immer deshalb so, weil zwischen ihnen die Ursprungsliebe des Paares noch immer spürbar und lebendig ist.

Literatur

Clement, Ulrich (2006): Guter Sex trotz Liebe. Berlin.

Gottman, John M./Silver, Nan (2000): Die sieben Geheimnisse der glücklichen Ehe. München.

Imber-Black, Evan (Hrsg., 1995): Geheimnisse und Tabus in Familie und Familientherapie. Freiburg

Jellouschek, Hans (2006 a): Warum hast du mir das angetan? Untreue als Chance. 5. Aufl. München.

Jellouschek, Hans (2006 b): Wie Liebe, Familie und Beruf zusammengehen. Freiburg.

Jellouschek, Hans (2008 a): Wenn Paare älter werden. Die Liebe neu entdecken. Freiburg.

Jellouschek, Hans (2008 b): Liebe auf Dauer. Was Partnerschaft lebendig hält. Stuttgart.

Jellouschek, Hans (2009): Wie Partnerschaft gelingt. Freiburg.

Krähenbühl, Verena / Jellouschek, Hans / Kohaus-Jellouschek, Margarete / Weber, Roland (2007): Stieffamilien. Struktur, Entwicklung, Therapie. 6. Aufl. Freiburg.

Moeller, Michael Lukas (1988): Die Wahrheit beginnt zu zweit. Das Paar im Gespräch. Hamburg.

Riehl-Emde, Astrid (2003): Liebe im Fokus der Paartherapie. Stuttgart.

Welter-Enderlin, Rosmarie (2003): Paare – Leidenschaft und lange Weile. Freiburg.

Willi, Jürg (2002): Psychologie der Liebe. Persönliche Entwicklung durch Partnerbeziehungen. Stuttgart.